मानव अधिकार
और
पर्यावरण-सन्तुलन

प्रो० हरिमोहन

वाणी प्रकाशन

वाणी प्रकाशन

'लोगो' वाणी प्रकाशन : मक़बूल फ़िदा हुसेन

वाणी प्रकाशन, 4695, 21-ए, दरियागंज, नयी दिल्ली-110002
वाणी प्रकाशन, अशोक राजपथ (पटना कॉलेज के सामने), पटना (बिहार)

MANAV ADHIKAR AUR PARYAVARAN SANTULAN

by Prof. Hari Mohan

A Collection of Critical Essays

ISBN : 81-7055-709-7

प्रथम संस्करण 2000
द्वितीय संस्करण 2007
आवृत्ति 2011

मूल्य : 125/-

वाणी प्रकाशन
फोन : 0091#11#23273167, फोन व फैक्स 23275710
वेबसाइट : www.vaniprakashan.in
ई-मेल : vaniprakashan@gmail.com

आर.टेक ऑफसेट द्वारा दिल्ली-110095 में मुद्रित

सर्वे भवन्तु सुखिनः सर्वे सन्तु निरामयाः ।
सर्वे भद्राणि पश्यन्तु मा कश्चिद दुःखभाग्भवेत् ।।

सब सुखी हों, सब नीरोग हों।
सब कल्याण को प्राप्त हों, कोई भी दुखभागी न हो।।

आप्त पुरुषों का यह मंगल वचन
कब सच होगा?

"यह ब्रह्माण्ड एक सुव्यवस्था है - एक विधि संचालित व्यवस्था। इसलिए मनुष्य का सत्व और उसका सम्भवन, उसके भाव, इच्छा, विचार भी तय हैं : मनुष्य सारतः विवेशील है। मनुष्य में विवेक ब्रह्माण्ड में समन्वय की प्रतिध्वनि है। नैतिकता को मनुष्य की अन्तर्जात विवेकशीलता के सन्दर्भ में समझा जाना चाहिए। केवल तभी मनुष्य सहजता और स्वेच्छा से नैतिक हो सकता है। विवेक उस नैतिकता के लिए एकमात्र आधार है जो अंतरात्मा को एक निवेदन है और अन्तरात्मा, अपनी बारी में परिवेश का सहज बोध और उस पर प्रतिक्रिया है। अपने अन्तिम विश्लेषण में अंतरात्मा किसी भी तरह गुह्य और रहस्यपूर्ण नहीं है। यह एक जैविक क्रिया है, इसलिए चेतना के स्तर पर यांत्रिक मनुष्य की अंतर्गत विवेकशीलता उस सामंजस्यपूर्ण व्यवस्था की एकमात्र ज़ामिन है जो कि एक नैतिक व्यवस्था भी है क्योंकि नैतिकता एक विवेक सम्मत क्रिया है। इसलिए सभी सामाजिक प्रयासों का उद्देश्य मनुष्य को अपनी अन्तर्जात विवेशीलता के प्रति अधिकाधिक सचेत रहना होना चाहिए।"

-एम.एन. राय,

(नवमानववाद,अनु0 नन्दकिशोर आचार्य,

आत्म-निवेदन

मानव-अधिकार की अवधारणा जीवन की बुनियादी आकांक्षा से जुड़ी है। जीवन का अर्थ मात्र रोटी और भौतिक आवश्यकताओं की पूर्ति केलिए संघर्ष करना नहीं है; अपितु जीवन को बौद्धिक, नैतिक एवं सौन्दर्यात्मक पक्षों से जोड़ कर एक कला के रूप में निरन्तर विकसित करते जाना है। इसी से मानव-मूल्यों का स्थापन, पल्लवन एवं पोषण होता है। स्वतंत्रता इनमें सर्वोपरि है। यह एक मौलिक मानवीय मूल्य है। इसी मूल्य से अन्य सभी मूल्य विकसित हुए हैं।

मनुष्य के विचार उसके परिवेश से प्रभावित होते हैं। भौगोलिक पर्यावरण के आँगन में ही किसी समाज का सांस्कृतिक पर्यावरण जन्म लेता और फूलता-फलता है। सांस्कृतिक पर्यावरण विचारों की दुनिया है। इसमें रीति-रिवाज, पर्व-त्यौहार, विश्वास, चिन्तन-मनन, नैतिक-अनैतिक आचरण - सब कुछ आजाता है। भारतीय संस्कृति का यह वैशिष्ट्य है कि वह भौगोलिक पर्यावरण से सदैव नालबद्ध रही है। प्रकृति से ही उसने अपना जीवन-रस और ऊर्जा ली है। इसलिए समूची प्रकृति उसके चिन्तन, आचार-व्यवहार तथा कहें - 'धर्म', से कभी ओट नहीं हुई।

भारतरत्न भीमराव अम्बेडकर ने श्री बर्टेन्ड रसल की कृति *'प्रिंसिपल्स ऑफ सोश्यल रिकंस्ट्रक्शन'* की समीक्षा करते हुए, एक स्थल पर लिखा है,''जीवन के प्रति भारतीय दृष्टिकोण के पक्ष में जो अनेक तर्क किए जाते हैं, उनमें से एक यह है कि मुख्यत: यह उसके ही प्रभाव का प्रताप है कि सभी प्राचीनतम देशों में से केवल भारत का ही अस्तित्व आज तक बचा रहा है।...अस्तित्व में बने रहने की बात को मानते हुए मैं एक और महत्त्वपूर्ण बात कहना चाहता हूँ।.... महत्त्व अस्तित्व में बने रहने का नहीं है, बल्कि अस्तित्व की गुणवत्ता और उसके स्तर का है।''

यह गुणवत्ता और स्तर क्या हो सकता है? संक्षेप में, हमारे विचार से, उस समाज में सभी सदस्यों को मानव अधिकारों की गारंटी। इसी मे जुड़ा है विकास। विकास, जिसे कई बार भ्रमवश पर्यावरण असंतुलन का पर्याय मान लिया जाता है। लेकिन ऐसा है नहीं। यदि हम विवेक से काम लें और मनुष्य मात्र के लिए ही नहीं, अपितु पेड़-पौधों, वन्यजीवों एवं समूची प्रकृति के प्रति अपने भीतर मानवीय गुणों - अहिंसा, दया, करुणा, क्षमा, विनम्रता, सहनशीलता, भ्रातृत्व.. आदि को ईमानदारी से धारण करलें, तो न समाज में कोई संघर्ष होगा और न पर्यावरण-असन्तुलन - जैसा संकट उत्पन्न होगा। इन मानवीय गुणों को एक शब्द में हम 'शील' भी कह सकते हैं, जो मनुष्य के भीतर से फूल की तरह खिलता है, और वह विवेक का सहधर्मी है। यही धर्म भी है।

इस पुस्तक में मेरे कुछ निबंध हैं, जिनमें विनम्रतापूर्वक उक्त अवधारणा को सामने लाने का प्रयास है। संक्षेप में मानव अधिकारों के परिप्रेक्ष्य में पर्यावरण-सन्तुलन को समझने की चेष्टा की गई है। इसी क्रम में भारतीय संस्कृति की मूलभूत विशेषताएँ रेखांकित की गई हैं तथा मानव-मूल्य एवं पर्यावरण-संरक्षण को दृष्टिपथ में रख कर सहअस्तित्व के सूत्र का पल्लवन है। पुस्तक में मानव अधिकारों की विश्व घोषणा और राष्ट्रीय मानव धिकार आयोग के सम्बंध में व्यापक चर्चा के साथ-साथ पर्यावरण-सतुलन केलिए भारतीय संविधान एवं कानून में निहित महत्त्वपूर्ण जानकारी का भी समावेश है। जल (प्रदूषण निवारण एवं नियंत्रण) तथा वायु (प्रदूषण निवारण एवं नियंत्रण) अधिनियमों तथा वनसंरक्षण एवं अभयारण्य अथवा राष्ट्रीय उद्यान विषयक घोषणाओं को भी प्रस्तुत किया गया है, जिन्हें जानना एक जागरूक नागरिक के लिए उपयोगी है। विश्वास है सुधी पाठकों को मानव अधिकार शिक्षा एवं पर्यावरण-शिक्षा के क्षेत्र में मेरा यह विनम्र प्रयास प्रीतिकर लगेगा।

भवतु सव्व मंगलम्।

10 दिसम्बर, 1999
मानव अधिकार दिवस। – हरिमोहन

विषय-सूची

1

भारतीय संस्कृतिः मानव और प्रकृति की सहयात्रा

'मनुर्भव:'-मनुष्य बनो! यह हमारे ऋषियों का आदेश है। 'न मानुषात् श्रेष्ठतरं हि किञ्चित्' अर्थात् मनुष्य से बढ़कर कुछ नहीं। और जैसा कि **चण्डीदास** ने कहा था: 'शुन रे मानुष भाई, सवारि उपरि मानुष सत्य, ताहार उपरि किछु नाइ।' मानव और उसका सत्य सर्वोपरि है, उसके ऊपर कुछ नहीं। मनुष्य सभी वस्तुओं की माप है' (प्रोटेगोरस) या 'मनुष्य मानवता का मूल है।' (मार्क्स)-ये उक्तियां भी मनुष्य की महत्ता की उद्घोषणा करती हैं।

मनुष्य और उसकी मनुष्यता के प्रति गौरव एवं सम्मान की यह भावना हमारी संस्कृति का एक दिव्य पक्ष है। प्रश्न उठता है कि एक साधारण जीवध ारी से पृथक्, मनुष्य को मनुष्य क्या चीज बनाती है? निश्चय ही इसका एक सीधा-सा उत्तर है- संस्कृति। संस्कृति ही मनुष्य को 'मनुष्य' के रूप में घड़ती है। साथ ही इसका दूसरा पक्ष यह है कि मनुष्य भी संस्कृति को घड़ता है। वस्तुत: दोनों ही बातें सही हैं और दोनों का परस्पर सम्बन्ध है। इसीलिए कहा गया है कि मनुष्य अपनी बुद्धि का प्रयोग कर विचार और कर्म के क्षेत्र में जो सर्जना करता है, उसी को संस्कृति कहते हैं। इस विचार को सामने रखते हुए भारतीय संस्कृति के आख्याता **डॉ० सत्यकेतु विद्यालंकार** ने कहा है, "मनुष्य ने जो धर्म का विकास किया, साहित्य, संगीत और कला का जो सृजन किया, सामूहिक जीवन को हितकर और सुखी बनाने के लिए जिन प्रथाओं और संस्कारों को विकसित किया, उन सबका समावेश हम संस्कृति में करते हैं।" *(द्रष्टव्य : भारतीय संस्कृति और उसका इतिहास, पृष्ठ 3)* साथ ही माना गया है कि, "संस्कृति नियम का वह समुच्चय है, जिसमें ज्ञान, विकास, कला, आदर्श विधि और वे क्षमताएँ तथा आदतें सम्मिलित रहती हैं, जिन्हें एक मनुष्य समाज का सदस्य होने के नाते प्राप्त करता है।" (**ई.वी. टाइलर** का कथन, *प्रिमिटिव कल्चर*, पृष्ठ-1)

संस्कृति मनुष्य को ढालती है। उसे संस्कारित करती है। उसे मनुष्य रूप में रचती है। इस परिप्रेक्ष्य में हमें **डॉ० विद्यानिवास मिश्र** का यह कथन एकदम

सटीक लगता है कि,"संस्कृति एक प्रकार की संस्कारात्मक परिणति है। वस्तु हो, मनुष्य हो, मनुष्य का व्यवहार हो, सबका विशिष्ट उद्देश्य से जब परिष्कार किया जाता है या परिष्कार की संकल्पना की जाती है, तो वह वस्तु, वह मनुष्य या उसका वह व्यवहार सभी संस्कृत हो जाते हैं।"(देखें: *संचारिणी, पृष्ठ-15*)

इस प्रकार संस्कृति मनुष्यता की धुरी है। एक सामान्य मानव-प्राणिमात्र से विशिष्ट या संस्कारित सुसंस्कृत मनुष्य बनने की प्रक्रिया संस्कृति से ही परिचाालित रहती है। एक पशिचमी विचारक जब यह कहता है कि, 'हम वही करते हैं, जो संस्कृति हम से करवाती है; चाहे इसका पता हमें हो, चाहे न हो।' (**हॉवेल्स**, *मैन इन दा बिगनिंग, पृष्ठ-52*) तो वह क्या गलत कहता है? क्योंकि हमारी संस्कृति ही हमें वह बनाती है, जो हम हैं। अत: हमारे विचार से संस्कृति वह सर्जनात्मक ऊर्जा है, जो हमें हमारे समाज से, हमारे परिवेश से हमें सहज ही मिलती रहती है। या फिर हम उसे प्रयत्नपूर्वक अपने ज्ञान से अर्जित करते हैं। छांदोग्योपनिषद् का यह उद्धरण पढ़कर देखें-

"कस्यापि देशस्य समाजस्य वा विभिन्न जीवन व्यापारेषु सामाजिक सम्बन्धेर्षु वा मानवीयत्व दृष्ट्या प्रेरणा प्रदानां ततदार्शनां समष्टिरैव संस्कृति।" (छांदो. 8:4:1)

संक्षेप में कहें तो, संस्कृति मनुष्य के ऐसे संस्कारों का संगुच्छ है, जो उसकी प्रवृत्तियों, उसकी प्रकृति तथा जीवन-दृष्टि का परिष्कार करते हैं। ये संस्कार-संगुच्छ उस मनुष्य के समाज अथवा देश की जीवन-पद्धति को दर्शाते हैं। यही उस व्यक्ति एवं समाज के नैतिक, धार्मिक, बौद्धिक, आध्यात्मिक तथा भौतिक जीवन का परिचय भी देते हैं। यह सामाजिकता के भाव से प्राप्त जीवनगत सौन्दर्य का भी पर्याय है। बेशक इसे अवकाश के क्षणों की उपज क्यों न कहा जाय, किन्तु यह मानव-जीवन को उन्नति की ओर ले जाने, उसे उदात्त बनाने का रचनात्मक विधान है। इसलिए संस्कृति को हम मनुष्य के व्यक्तित्व की विशेषता भी कह सकते है।

मनुष्य के विकास का एक महत्त्वपूर्ण घटक है उसका 'सांस्कृतिक परिवेश'। इस सांस्कृतिक परिवेश को हम 'सांस्कृतिक पर्यावरण' भी कह सकते हैं। मनुष्य जिस समाज, जिस परिवेश में जीवन जीता है, वही उसका पर्यावरण है। हवा, पानी, मिट्टी, पेड़-पौधे से लेकर जीव-जन्तुओं और मानव; सब के लिए इसमें स्थान है। इनका सब का आपस में एक सुनिशिचत सम्बन्ध है। 'पर्यावरण' का अर्थ ही है- परि+आवरण: यानी, चारों ओर से या सब ओर से (परि);

आच्छादित या घेरा हुआ (आवरण)। इस विचार से मनुष्य को छोड़कर उसके चारों ओर जो कुछ है, वह उसका पर्यावरण है।

विज्ञान कहता है कि पृथ्वी का वायुमण्डल बहुत व्यापक है। लेकिन जीवों का अस्तित्व केवल 6 कि.मी. तक हवा में और 8 कि.मी. तक समुद्र के अन्दर है। लगभग 14 कि.मी. का यह क्षेत्र 'जीव मण्डल' (बायोस्फियर) कहलाता है। पृथ्वी पर पाई जाने वाली वनस्पतियां, पेड़-पौधे और जीव-जन्तु इसी 'जीव मण्डल' में रहते हैं। बाहर का भौतिक तथा जैविक तंत्र, जिसमें पेड़-पौधे एवं अन्य प्राणी रहते हैं; वातावरण (एन्वायरनमेंट) कहलाता है। जीव तथा वातावरण मिल कर एक जैव वैज्ञानिक इकाई (बायोलॉजिकल यूनिट) बनाते हैं। प्रकृति में इस तरह की अनेक इकाइयां है। जैसे तालाब में मिलने वाले जीव तथा अजैव वस्तुएं मिल कर एक आत्मनिर्भर इकाई बनाते हैं। इसको हम तालाब का परितंत्र (इकोसिस्टम) कहते हैं। यह एक सरल परितंत्र है, जिसमें जल की मात्रा और इसमें पाए जाने वाले जन्तुओं की संख्या सीमित होती है। इसकी तुलना में देखें तो समुद्र का परितंत्र अधिक जटिल होता है। इसी तरह पृथ्वी है। पृथ्वी भी अपने आप में एक अत्यन्त जटिल परितंत्र (इकोसिस्टम) है। जिसके अजैव वातावरण में मनुष्य तथा अन्य जीवधारी अजैव कारकों से जूझते हुए सफलतापूर्वक अपना जीवन-यापन करते हैं।

यह तो रही प्राकृतिक पर्यावरण की बात, जिसे हम भौगोलिक पर्यावरण कहेंगे। इस प्राकृतिक अथवा भौगोलिक पर्यावरण के अतिरिक्त मनुष्य का एक सांस्कृतिक-सामाजिक पर्यावरण भी है। **वाटसन**-जैसे कुछ विद्वान् यह मानते हैं कि मनुष्य के विकास में उसके वातावरण का बहुत बड़ा योगदान होता है। उसका तो यह कहना था कि मनुष्य के चारों ओर अनुकूल वतावरण की सृष्टि करके उसे मनचाहे रूप में मोड़ा जा सकता है। वाटसन के शब्दों में-"Give me a child and I shall train him to become any type of specialist. I might select -doctor, lawyer, artist, merchant chief and yet, even bagger man and thief regardless of his talents and tendencies, vocation and race of ancestors" यह बात मनुष्य के मनोविज्ञान से उसके भौगोलिक पर्यावरण को जोड़कर कही गई थी। भले ही **वाटसन** को आगे चल कर अपनी मान्यता में परिवर्तन करना पड़ा, लेकिन इस तथ्य को नकारा नहीं जा सकता कि मनुष्य के विकास में जहाँ अन्य घटक महत्त्वपूर्ण योगदान देते हैं, वहाँ पर्यावरण भी जरूरी है।

मनुष्य भौगोलिक पर्यावरण की खूंटी से बंधा हुआ है, यह कथन

अतिशयोक्तिपूर्ण भले ही लगे, किन्तु असत्य नहीं है। भौगोलिक पर्यावरण के आँगन में ही किसी समाज का सांस्कृतिक पर्यावरण जन्म लेता है और फूलता-फलता है। पशु और मनुष्य में यही अन्तर है कि पर्यावरण पशु को बदलता है, जबकि मनुष्य पर्यावरण को बदल सकता है।

यों भी देखें तो, संस्कृति विचारों की दुनिया है। पूजा, धर्म, दर्शन, साहित्य, कला, सामाजिक संगठन, उसकी मंजिलें हैं। हमारे रीति-रिवाज, पर्व-त्यौहार, विश्वास, चिन्तन-मनन, नैतिक-अनैतिक आचरण सबको इसमें सम्मिलित किया जा सकता है। किसी समाज के लोग किन वस्तुओं का उपयोग करते हैं, कैसे व्यवहार करते हैं, क्या सोचते हैं, किन बातों में विश्वास करते हैं, उनका जीवन किस तरह चलता है; यह एब कुछ उस समाज की संस्कृति का हिस्सा है।

कहने का अर्थ यह है कि प्रत्येक समाज या देश का अपना एक सुदृढ़ सामाजिक-सांस्कृतिक पर्यावरण होता है। वह दूसरे समाजों या देशों से भिन्न भी हो सकता है और उसमें कई तत्त्व ऐसे भी हो सकते हैं, जो समान हों।

प्रत्येक मनुष्य को उसका सांस्कृतिक परिवेश (अथवा पर्यावरण) जन्म से ही मिलता है। विशेष धारणाएँ, मान्यताएँ, विशेष तरह के विश्वास तथा नैतिक मूल्य उसे विरासत में मिलते हैं। कुछ वह ज्ञान से अर्जित करता है। कुछ पीढ़ियां कालान्तर में इनमें परिवर्तन भी कर लेती हैं। कुछ पुरानी बातें छोड़ दी जाती है, नई बातें जुड़ जाती हैं। और फिर इस परिवर्तित-संशोधित सांस्कृतिक पर्यावरण को एक पीढ़ी दूसरी पीढ़ी के हाथों सौंप देती है। 'प्रत्येक पीढ़ी में संस्कृति अपने ढंग के व्यक्ति बनाती है'-जहाँ यह कथन सही है, वहीं यह भी कि, 'प्रत्येक पीढ़ी में व्यक्ति संस्कृति को बदल देता है।' (दोनों ही कथन, **मेलिनोव्स्की** के हैं, *(देखें-कल्चर एण्ड मिथ, 1997, पृष्ठ-200)*

एक मित्र से चर्चा चल रही थी। बातों-बातों में एक सूत्र हाथ आया कि हमारे यहाँ दो मार्ग हैं-एक ऋषि मार्ग, जो चल मार्ग है, जो अपने अध्ययन से जनता का हित बादल की तरह अपने ज्ञान की वर्षा से करता रहा है। दूसरा मुनि मार्ग है, जो अचल मार्ग है, जो अपने सद्गुणों से जनता का हित करता रहा है। और यह कि भारतीय संस्कृति संत संस्कृति है। अरण्य संस्कृति है। इसका मर्म ठीक से समझना चाहिए। यह ठीक है कि संत संस्कृति मुख्त: आध्यात्मिक साधना से सम्बन्धित है, इसीलिए संतों को अध्यात्म विद्या का सूर्य कहा गया है। साधारण नागरिकों के लिए विशेष महत्त्व सामाजिक, नैतिकता एवं व्यक्तिगत ईमानदारी का है। इसके विपरीत संतों का वैराग्यवाद मोक्षकामी विशिष्ट व्यक्तियों के लिए है।

कहा जा सकता है कि वह व्यक्ति-जीवन के तनावों से मुक्ति के लिए भी है। इस दृष्टि से, **डॉ० देवराज** के शब्दों में, "सन्तों का उपदेश उन शासकों के लिए भी उतना ही प्रासंगिक है, जितना कि दूसरे नागरिकों के लिए। हर समुदाय के लोगों को अपने अधिकारों के प्रति सतर्क रहना चाहिए, उतना ही जितना अपने कर्त्तव्यों के प्रति।" (द्रष्टव्य-*भारतीय संस्कृति, 1994 पृष्ठ-17*)

संत होने का अर्थ यह नहीं है कि सब कुछ छोड़कर आत्म विकास, अध्यात्म-विकास के लिए एकांत साधना में लीन होकर शरीर त्याग दिया जाए। इतिहास बताता है कि संतों ने समाज को सदैव दिशा दी है।

इसी तरह 'अरण्य संस्कृति' का अर्थ यह कदापि नहीं है कि हम जंगल के वासी बने रहें या व्यंग्य में कहें जंगली बने रह कर 'जंगल के कानून' चलाते रहें। अरण्य संस्कृति का वास्तविक निहितार्थ है - प्रकृति के प्रति कृतज्ञता का भाव रखते हुए, अपने कर्त्तव्यों का इस प्रकार निर्वाह किया जाए कि हमारे और प्रकृति के बीच आत्मीय रिश्ता बना रहे।

'संत' और 'अरण्य' मिलकर भारतीय संस्कृति को 'ऋषि संस्कृति' का रूप देते है। वास्तव में हमारे ऋषियों ने प्रकृति और मनुष्य के आत्मीयतापूर्ण साहचर्य को पहचाना था और लोकमंगल के लिए इस साहचर्य का उपयोग किया था। यह संस्कृति तपोवनों में पुष्पित और पल्लवित हुई, उसकी आत्मा में प्रकृति का वास था। उसके चिन्तन में मनुष्य और प्रकृति का चिरन्तन साहचर्य था। वैदिक ऋचाओं, पौराणिक आख्यानों, उपनिषदों, श्रीमद्भागवत् गीता, रामायण, महाभारत, पंचतंत्र और जातक कथाओं- सभी में यह महातत्त्व उपस्थित है; जिसे प्रकृति कहा जाता है। इस संदर्भ में **हरिश्चन्द्र व्यास** का यह कथन विशेष रूप से पठनीय है कि, "भारतीय वाङ्मय इस बात का साक्षी है कि उसमें आदिकाल से प्रकृति की अर्चना, आराधना, और पूजा के भाव रहे हैं। हमने प्रकृति में ईश्वर का साक्षात् रूप देखा, ऐसे में उसके प्रति वैरभाव का तो प्रश्न ही नहीं उठ सकता। हमारे वेद, पुराण और उपनिषद्, आगम और निगम, संस्कृत और सूफी साहित्य, कला, दर्शन और इतिहास, आचार, व्यवहार एवं विचार तथा लोक जीवन और सम्बन्धों के समीकरण आदि सभी एक ही दिशा की ओर संकेत करते हैं और वह है मनुष्य और प्रकृति के बीच में गहरी आत्मीयता की दिशा। हमारी संस्कृति के पोर-पोर में प्रकृति का वास है। यही कारण है कि भारतीय संस्कृति की जड़ों में जिन सूत्रों ने अमृत सिंचन किया वे सभी प्रकृति से प्राप्त हुए थे।" (*पठनीय-संस्कृति एवं पर्यावरण, प्राक्कथन, 1993,पृष्ठ-5*)

हमारे यहाँ संस्कृति की एक धारा 'वेद' की है, दूसरी धारा 'लोक' की है। लेकिन उन दोनों की ही आत्मा में प्रकृति का वास है। दोनों को ही वैचारिक शक्ति प्रकृति से मिली है। वेदों से जुड़ा अभिजात वर्ग इन सूत्रों को अपनी ऋचाओं में संजोता है और प्रकृति का आह्वान करता दिखाई देता है-

(1) हे पृथ्वी! तुम रत्नधन की खान और कृषि कर्म सम्पादन कारिणी हो। मुझे इच्छित ऐश्वर्य दो और मेरी रक्षा करो। (यजुर्वेद, अध्याय-5, श्लोक-9)

(2) जल हमें पवित्र करे। क्षरित डालों से हम पवित्र हों। हे जल! पिये जाने पर तुम शीघ्र जीर्ण होकर उदर को सुखदायक होओ। ये जल रोगों के शम, यज्ञ के निमित्त रूप एवं अमृत सदृश है। (यजु. अ.4/2,12)

(3) जलपायी पशुओ! तुम जलपान करो। यह जल तुम्हारे लिए सुस्वादु हो। (यजु, अ. 6/10)

(4) मधुमयी पृथ्वी से उत्पन्न अतः मधुमयी लता! मैं तुझे खोदता हूँ। मुझे मधुरता दे। मेरी जिह्वा का अग्रभाग मधुर हो। मेरा शरीर, अंतःकरण और मन मधुर हो। मेरी वाणी में तथा मेरे कार्यों में मधुरता होने से मैं सर्वप्रिय होऊँ। हे मधूक लता! तेरी समीपता से मैं मधु से भी मधुर हो जाऊँ। (अथर्व./प्रथम काण्ड/ सूक्त-34)

(5) गौ को पीड़ित करना कृत्या रूप है। इसको गोबर मिला अधपका चारा खिलाना, पूरी न की गई शपथ के समान घातक है। (अथर्व./द्वादश काण्ड/ सूक्त-5)

(6) गौओ! तुम सब रूपों वाली, प्रातः-समय दूध देने वाली, सांडो और बछड़ों के सहित उच्च भाव को प्रकट होओ। तुम्हारे लिए यह स्थान लम्बा-चौड़ा हो। जल सुन्दर और पीने-योग्य हो। इस लोक में सुख-युक्त होओ। (सामवेद /अध्याय-4/चतुर्थो दशति/12)

ऋग्वेद के सूक्तों में अधिष्ठित वैदिक देवता प्रायः प्राकृतिक शक्तियों के ही पर्याय हैं। फलतः इन देवताओं के वर्णन में कवित्वपूर्ण चित्रों का समावेश सर्वत्र किया गया है। इस दृष्टि से कतिपय देवता विशेष उल्लेखनीय हैं, जैसे उषस्, सूर्य, द्यौ, मरुत तथा पर्जन्य। उदय होते सूर्य के वर्णन में वैदिक कवियों ने स्वर्ण के रंग का संकेत देनेवाले विशेषणों का अनेक रूपों में प्रयोग किया है। जैसे- 'हिरण्येन सविता रथेन देवो याति भुवनानि पश्यन्।'(ऋग्वेद-1/35/2) अर्थात् 'स्वर्ण के रथ में आता हुआ सूर्य समस्त भुवनों को देखता है।' इसी तरह सूर्य हिरण्यपाणि अथवा हिरणयहस्त (स्वर्ण के हाथों वाला) है। उसकी उपमा पक्षी से दी गई है, जो अंतरिक्ष का पर्यवेक्षण करता है। सूर्य बुरे सपनों को भी हटाता है,

वह भूत-प्रेत की बाधा को दूर करता है और मनुष्यों को पापों से निवृति देता है।

ऋग्वेद में उषस् के वर्णन बहुत ही काव्यात्मक हैं। नर्तकी के समान सुन्दर वस्त्रों से सुसज्जित उषा प्राची में प्रकट होकर अपने सौन्दर्य का प्रकाशन करती है। प्राचीन होने पर भी उषा सदैव नवयौवना है, वह बार-बार नया जन्म लेती है। उषा का सूर्य से घनिष्ठ सम्बन्ध है; वह सूर्य की प्रिया अथवा प्रेयसी है। उषा आकाश में जन्म लेती है, इसलिए उसे 'दिन की दुहिता' कहा जाता है। एक सूक्त (ऋग्वेद,3,61,1-5) का हिन्दी अनुवाद पढ़कर देखें-

हे उषे! बहु-अन्नवाली धीमती प्राज्ञी,
हे विभव-शालिनी हमारा हो स्तवन स्वीकार।
अहह प्राचीने तुम्हारा है अचल यौवन,
विश्व-कमनीया नियम से कर रहीं पद-चार।
स्वर्णमय रथ पर उदित होतीं अमर देवी,
मुक्त तुम करतीं विहंगों का सुरीला गान;
आशुगति ओजस्विनी रवि की कनक-वर्णे,
रश्मियां करतीं वहन सुन्दर तुम्हारा यान।
विश्व के सम्मुख अमरता की पताका-सी,
ऊर्ध्व नभ में नित्य तुम होतीं उषे शोभित;
अयि सदा-नवयौवने! इस एक ही पथ में,
चक्र-सी घूमो निरन्तर कर भुवन मोहित।
तिमिर का अंचल हटाती रवि-प्रिया सुन्दर,
भूमि-नभ के बीच जब करती चरण-निक्षेप,
सुभग अंगों की प्रभा से विमल देवी के,
जगत हो उठता प्रकाशित निमिष भर में एक।
सामने आभामयी के सब प्रणति के साथ,
ला धरो यज्ञान्न का, छवि का मधुर उपहार;
रोचना, रमणीय रूपा की मनोहर कांति,
ढालती आकाश में आलोक की मधुर-धार।

(उद्घृत डॉ. देवराज, भारतीय संस्कृति, 1994, पृष्ठ- 7-8)

जबकि 'लोक' का 'जन' प्रकृति के आँगन में खेलता-कूदता, हँसता-गाता, वृक्षों तक की शादी कराता है, उस आयोजन में सम्मिलित होता रहा है। प्रकृति उसके दुःख में रोती है और उसके सुख में साझीदार बनती है। वह प्रकृति के मन

को पहचानता है। लोक का अनुभव समृद्ध होता है और वह छह महीने पहले से ही वर्षा होने-न होने की भविष्यवाणी करने की क्षमता रखता है। बादलों के रंग, चिड़िया, गिरगिट और चींटी-जैसे जीवों के क्रियाकलाप देखकर मौसम का पूर्वानुमान लगा लेता है। उसके लिए वर्षा का भी गर्भ होता है। लोक विश्वास है कि पौष और माघ के महीने में वर्षा का गर्भ पड़ता है, जो 195 दिनों बाद प्रसव होता है। अगहन या पौष महीने के शुक्ल पक्ष में जो गर्भाधान होता है, उसका साढ़े छह महीने बाद जो प्रसव होगा, उसकी संतान निर्बल होगीं। (अर्थात् वर्षा कम होगी।) उसे पता है कि वर्षा के गर्भ के मुख्यतः पाँच कारण होते हैं- हवा, वृष्टि, बिजली, गर्जन और बादल। गर्भ के समय जब ये पाँचों लक्षण उपस्थित रहते हैं, तब अत्यन्त विस्तार के साथ वर्षा होती है। इस अनुभव को लोक ने कुछ इस तरह और विस्तार के साथ सूत्रबद्ध कर लिया-

बादल वायु बिज्जु बरसन्त।
कड़कै गाजै उपल पड़न्त।।
धनुष और परिबेसे भान।
हेम पड़े दस गर्भ प्रमान।।

अर्थात् बादल का होना (बादल का घिरना),हवा का बहना, बिजली चमकना, पानी का बरसना, आकाश का कड़कना, बादल का गरजना, ओले पड़ना, इन्द्रधनुष, सूर्य पर मण्डल बैठना (चारों और घेरा बन जाना), सर्दी पड़ना-वर्षा गर्भ के ये दस लक्षण हैं।

लोक का यह विज्ञान अनुभव-प्रसूत है। प्रकृति ही उसकी प्रयोगशाला है। प्राकृतिक तत्त्व ही उसके उपकरण हैं। उसके लिए तीतर, बकरी, साँप, चींटी, गिरगिट, चिड़िया आदि ही 'बैरोमीटर' हैं। ऐसी कहावतें ग्राम्यांचलों में आज भी खूब प्रचलित हैं। कुछ उदाहरण देखें-

कलसे पानी गरम हो, चिड़ियां न्हावैं धूर।
अण्डा लै चींटी चलै, तौ बरखा भरपूर।।

(यदि घड़े में रखा पानी गरम हो जाय, चिड़िया धूल में नहाती हों और चींटियां अपने अण्डे लेकर एक स्थान से दूसरे स्थान की ओर चल पड़े तो समझो भरपूर वर्षा होने को है।)

सूरज तेज सतेज आड बोले उनयाली।
मही माठ गल जाय पवन सिरे बैठे छाली।।
कीड़ी मेलें इंड चिड़ी रेत में नहावै।

काँसी कामन दौड़ आम लीलो रंग आवै।।
डेउरो उहक बाड़ां चढ़े, बिसहर चढ़ि बैठे बड़ां।
पाँड़ियां जोतिस झूठा पड़े, घन बरसे इतरा गुणाँ।।

(धूप की तेजी बढ़ जाय, बतख चिल्लाने लगे, घी पिघल जाय, बकरी हवा के रुख की ओर पीठ करके बैठे, चींटियां अण्डे लेकर चलें, गौरैया धूल में नहाये, काँसे का रंग फीका पड़ जाए, आकाश गहरे नीले रंग का हो जाए, मेंढक कांटों की बाढ़ में घुस जायें ओर सांप बरगद के पेड़ पर चढ़कर बैठे, तो वर्षा निश्चय ही (जल्दी) होगी। ज्योतिषी का कथन झूठा हो सकता है, लेकिन ये लक्षण झूठे नहीं हो सकते।)

पर्यावरण का इतना सूक्ष्म निरीक्षण और प्रकृति के साथ मनुष्य का जुड़ाव ऐसे अनुभवों की वास्तविक शक्ति है।

वास्तव में मनुष्य के धर्म की तरह इस विराट् रचना का भी एक धर्म है और वह है प्रकृति के साथ तालमेल रखने का काम। "धर्म वही है जो प्रकृति के अनुकूल हो और अधर्म वही है जो प्रकृति के विरुद्ध हो" -वैदिक ऋचाओं के रचनाकार ऋषियों ने यह कह कर मनुष्य को सदैव के लिए प्रकृति के साथ संयुक्त कर दिया। यह नियम मनुष्य के लिए ही नहीं, समूची सृष्टि के लिए है। सृष्टि के पाँचों चक्र-स्वयंभू, परमेष्ठी, सूर्य, पृथ्वी, और चन्द्रमा-इसी सनातन नियम अथवा कहें 'सनातन धर्म' का पालन करते हैं। तभी तो पर्यावरण और सृष्टि का संतुलन बना रहता है।

'वेद' और 'लोक' के बीच उपनिषदों, श्रीमद्भागवगीता, प्राकृत के विपुल वाङ्मय में भी मनुष्य तथा प्रकृति के बीच के सहयोगपरक, आत्मीय ओर संतुलित सम्बन्ध की व्याख्या है। मनुष्य पर प्रकृति माँ के उपकारों का गुणगान है। वृक्ष को देवता मानकर पूजने की हमारी सांस्कृतिक मान्यता सर्वत्र विद्यमान है। उदाहरण के लिए 'कठोपनिषद्' की एक कारिका है-

ॐ शनिदेवो अभिष्टो आपो भवन्तु न पिवते,
मूले ब्रह्मा त्वचा विष्णु शाखायाम तु शंकरम्
पत्रे-पत्रे देवानाम वृक्षराज नमस्तुते।

पत्ते-पत्ते पर देवताओं की उपस्थिति वृक्षराज पीपल के प्रति श्रद्धा का चरम बिन्दु है। इसीलिए विशेषरूप से पीपल के वृक्ष को आज भी हमारे यहाँ काटा नहीं जाता।

इसी प्रकार हम नदी, पर्वत, सर्प, पवन देवता, सूर्य आदि के प्रति श्रद्धा

रखते हैं। पृथ्वी को माँ मानकर पूजते हैं। प्रकृति के कई रहस्य, ऋतु-परिवर्तन के अदृश्य चक्र भी हमारे पर्व-त्यौहारों, व्रत-पूजन आदि की भावनाओं से सीधे-सीधे जुड़े हैं।

यों तो पुराणों में अनेकानेक आख्यान हैं, जो मनुष्य और प्रकृति के बीच के सम्बन्ध को बार-बार रेखांकित करते हैं। लेकिन हम यहाँ मात्र एक कथा का उल्लेख कर उपनी बात को बल देना चाहेंगे। ब्रह्मपुराण में यह कथा का आई है। कथा है पिपलाद की। पिपलाद उन महर्षि दधीचि का पुत्र था, जिन्होंने उपनी अस्थियों का दान देकर देवताओं की रक्षा की थी। पिपलाद की माता प्रतिधेयी पति दधीचि के प्राणोत्सर्ग के समय गर्भवती थी। पति के बिना जीवन को व्यर्थ समझकर गर्भवती माता ने अपने पेट को चीर कर पिपलाद को बाहर निकाल दिया और स्वयं मृत्यु का वरण कर लिया। बालक पिपलाद ने जब होश संभाला तो देखा कि सारा वनस्पति और जीव जगत् उसे बचाने एवं पोषण करने में जुटा है। वृक्षों ने फल दिए, पक्षी अन्न कण लाने लगे, मृग हरी-हरी वस्तुएँ लाने लगे थे और औषधियां नारी-रूप धारण करके उसका पोषण कर रहीं थीं। पिपलाद ने वृक्षों से पूछा हे वृक्षो! मैं वनस्पतियों का पुत्र हूँ। जब मेरे माता-पिता ही नहीं हैं तो फिर मैं मनुष्य कैसे हो गया? वृक्षों ने दधीचि और प्रतिधेयी के महान त्याग की कथा सुनाते हुए पिपलाद से कहा, "तुम्हारे माता-पिता हमको पुत्रवत् मानते थे। अतः हम भी तुम्हें पुत्र मानकर अपने कर्त्तव्य का पालन कर रहे हैं। उन्होंने हमारा पोषण किया, अब हमारा कर्त्तव्य है कि हम तुम्हारा पोषण करें।"

निश्चय ही यह कथा मनुष्य, पशु और वनस्पतियों की परस्पर निर्भरता एवं उच्च आदर्श की एक सार्थक प्रतीक है। ऐसी उच्च कोटि का साहचर्य अन्यत्र बहुत कम मिलेगा।

प्रकृति ने मनुष्य को उदार बनाया है। उसे सहृदय और करुण बनाया है। उसके हृदय का विस्तार किया है। भारतीय संस्कृति में इस सूत्र का विशेष महत्त्व है। हम अपने दर्शन में 'अह्म ब्रह्मास्मि' कहते हुए, 'सर्व खलु इदं ब्रह्म' भी कहते हैं। यानी, मैं तो ब्रह्म हूँ ही, यह सकल सृष्टि भी ब्रह्ममय है। मनुष्य का (आत्मा का) अनन्त और प्रकृति का, सृष्टि का अनन्त विस्तार यहाँ आकर एक हो जाते हैं। ईशोपनिषद् का एक और मन्त्र है, जो इसी एकात्म भाव को रेखांकित करता है। इसका भावार्थ यह है: "वह प्रज्ञावान है, जो सब प्राणियों को अपने में ही देखता है तथा सब प्राणियों में अपनी ही आत्मा देखता है। इस दर्शन के कारण किसी से घृणा नहीं करता। (*मंत्र-6*) उस ज्ञानी को कौन-सा मोह, कौन-सा शोक

हो सकता है, जो प्राणियों को अपनी आत्मा का स्वरूप जानकर सब प्राणियों से एकत्व का साक्षात्कार करता है।'' (*मंत्र-7*)

भारतीय मनीषा कहती है:

अयं निजः परोवेति गणना लघुचेतसाम्।
उदार चरितानां तु सवुधैव कुटुम्बकम्।।

(अर्थात् यह मेरा है, यह पराया है- यह दृष्टि ओछे विचारवालों की है। उदारमना लोगों के लिए तो सारा संसार, सारी वसुधा कुटुम्ब के समान है।)

इसीलिए यह भाव एक आदर्श वाक्य बन गया-

सर्वेभवन्तु सुखिनः, सर्वे सन्तु निरामयाः।

सभी के सुख और सभी के नीरोग रहने की कामना का यह भाव भारतीय संस्कृति की कुंजी बन गया । हमारे देश में, जैसा कि हमने पहले संकेत किया, 'वेद' और 'लोक' दो संस्कृति-वर्ग प्रधान थे। इतिहास साक्षी है कि हमारे यहाँ विभिन्न भागों और विभिन्न युगों में अनेक धर्मों तथा संस्कृतियों ने जन्म लिया एवं प्रसार पाया। धर्म को संस्कृति से जोड़कर देखा गया और मानव धर्म को सर्वोपरि माना गया। धर्म-शिक्षकों ने भारतीय संस्कृति अथवा उसके विभिन्न रूपों को विशेष प्रभावित किया। **डॉ. देवराज** कहते हैं, ''इस देश में कम-से-कम दो महत्त्वपूर्ण धर्म पैदा हुए और फैले, अर्थात् वेद-उपनिषदों पर आधारित हिन्दू धर्म; वेद-विरोधी अथवा अवैदिक धर्म। बाद में ईसाई धर्म और इस्लाम धर्म भी यहाँ की भूमि में प्रविष्ट हुए। यहाँ बहुत-सी विदेशी जातियां भी आईं- यूनानी लोग, कुशान, शक और हूण, पठान और मुगल, पुर्तगाली, फ्रांसीसी, अंग्रेज इत्यादि। यहाँ हम उन जातियों का उल्लेख कर रहे हैं जिन्होंने यहाँ बसने का प्रयत्न किया। इनमें से कुछ जातियां हमारे देश में सचमुच ही बस गईं और हमारी जनता का अंग बन गईं। कुछ ने, जो यहाँ खुद नहीं बसीं, हमारी आबादी के गठन पर दूसरे चिह्न छोड़ दिए, जैसे अंग्रजों ने यहाँ एक लम्बी संख्या ईसाइयों की उत्पन्न की और एंग्लो-इंडियन जाति को जन्म दिया। भारतीय संस्कृति के अंतर्गत उक्त सभी जातियों तथा उनके विभिन्न धर्मों से सम्बन्धित धाराओं का समावेश हो सकता है।'' (देखें- *भारतीय संस्कृति, 1994, पृष्ठ-19*)

यह सत्य है कि हिन्दू संस्कृति हमारे देश की प्रधान संस्कृति है। लेकिन उसकी उदारता, विशाल हृदय, सहजता और सर्व हिताय की दिव्य भावना ने समय-समय पर अन्य धर्मावलम्बी संस्कृतियों को समान रूप से अंगीकार कर लिया। यही कारण है कि भारतीय संस्कृति का मूल चरित्र 'सामासिक संस्कृति'

अथवा 'कम्पोजिट कल्चर' का है। इन सभी तरह के धर्म-संस्कृतियों के उदात्त तत्त्व मिलकर भारतीय संस्कृति की रूपरेखा बनाते हैं।

धर्म प्रधान हमारी यह संस्कृति उदात्त मानवीय गुणों के पोषण और उनके अनुपालन पर बल देती है। वह कर्त्तव्य पर बल देती है। वह उदात्त और दिव्य मानवीय एवं दैवीय गुणों के धारण करने पर बल देती है। सदाचार का आग्रह करती है। सत्यनिष्ठा, संयम, करुणा, अहिंसा, क्षमा, इन्द्रिय-निग्रह, अक्रोध आदि पर बल देती है। और ये सब तथा ऐसी ही अन्य बातें धर्म के लक्षण हैं।

संस्कृति और धर्म; एक ही सिक्के के दो पहलू हैं तथा इन दोनों का ही उद्देश्य है मनुष्य का परिष्कार, उसके व्यक्तित्व का विकास; मनुष्य जो समाज की धुरी है। कहना-न होगा कि प्रकृति मनुष्य में सद्‌गुणों का धर्म का संचरण करती है। उसके अंत: का परिष्कार करती है। वही उसकी प्रेरक है।

2

मानव धर्म : मनुष्य की गरिमा का सम्मान

धर्म की चर्चा हम अक्सर सुनते हैं। दुनिया में न जाने कितने धर्म हैं। लेकिन क्या यह सच नहीं है कि सभी धर्मों का एक ही उद्देश्य है- मानव की गरिमा का सम्मान। मनुष्य की समग्र उन्नति, मनुष्य-समाज का सही दिशा में विकास।

मैं कौन हूँ? मेरा जन्म कैसे हुआ? जन्म से पूर्व मैं कहाँ था, क्या था? मृत्यु क्या है? मृत्यु के उपरान्त मैं कहाँ जाऊंगा? यदि ईश्वर ने मुझे जन्म दिया है, तो वह ईश्वर कौन है? ईश्वर का क्या कोई अस्तित्व है? यदि है, तो वह कहाँ रहता है? मेरे अपने जीवन का लक्ष्य क्या है? मेरा कर्त्तव्य क्या है? सत्य क्या है? असत्य क्या है? .... ये और ऐसे तमाम प्रश्न हैं, जो कभी न कभी हमारे मन में उठते हैं। हम इनके उत्तर चाहते हैं। जन्म-मृत्यु, लोक-परलोक, ईश्वर, सत्य-असत्य, कर्त्तव्य-अकर्त्तव्य आदि के सम्बन्ध में उठने वाले प्रश्नों के उत्तर जहाँ से मिलने की आशा रहती है- उसका नाम है 'धर्म'।

मनुष्य ने अपने अन्दर विचार करने की शक्ति का विकास किया है और इस विचार-शक्ति ने ही उसे अन्य मानवेतर प्राणियों से अलग, उच्च आसन पर प्रतिष्ठित किया है। विचार-शक्ति के विकास में प्रकृति का बहुत बड़ा योगदान है। इसमें सर्वोपरि है सूर्य। सूर्य, जिसे ज्ञान का प्रतीक माना गया है। ज्ञान के उस प्रतीक का देवता-रूप में स्तवन करते हुए मनुष्य ने अभ्यर्थना की-

ॐ भूर्भुवः स्व
तत्सवितुर्वरेण्यम्
भर्गो देवस्य धीमहि
धियो यो नः प्रचोदयात्।

(ओउ्म यह लोक, अंतरिक्ष और सर्वोच्च लोक ! वह वरेण्य (सूर्य)जिस दीप्तिमान देवता की महिमा का हम ध्यान करते हैं, हमें शुद्ध बुद्धि प्रदान

करे।) तेज और दीप्ति के सूर्य से बुद्धि की याचना करना तेजस्विता के मार्ग पर अग्रसर होने की हमारी उत्कट इच्छा का हिस्सा है। इस प्रकार यह सुप्रसिद्ध गायत्री मंत्र तेज, शक्ति और तीक्ष्ण बुद्धि की आकांक्षा का सर्ववरेण्य प्रतीक है।

यह ज्ञान, विचार-शक्ति या तीक्ष्ण बुद्धि ही धर्म की नियन्ता है। मनुष्य का ज्ञान और विचार-क्षमता इतने बढ़ते चले गए कि उसने तर्क-वितर्कों को जन्म दिया। वस्तुओं को अपने-अपने दृष्टिकोण से समझने-समझाने की चेष्टा की। धर्म को समझने में भी उसके अपने दृष्टिकोण सामने आए। इसलिए अन्य प्रश्नों की भाँति-धर्म क्या है? -इस प्रश्न का भी सर्वसम्मत कोई एक उत्तर ग्राह्य नहीं हो सका।

वेद कहते हैं-

सत्यं वृहद् ऋतम् उग्रं
दीक्षा तपो ब्रह्म यज्ञः पृथिवी धारयन्ति।

(*अथर्ववेद., 12/1/1*)

'सत्य, ऋतु, दीक्षा, तप, ब्रह्म और यज्ञ-इन्हीं पर यह पृथ्वी टिकी हुई है।'-यही धर्म है।

'धर्म वह है, जिसे धारण किया जाता है।'-इस मान्यता के अनुरूप 'महाभारत' में उल्लेख मिलता है-

धारणाद्धर्ममित्याहुर्धर्मो धारयेत प्रजाः।
यस्माद्धारणसंयुक्तः स धर्म इति निश्चयः।।

(*कर्ण पर्व, 69/58*)

अर्थात् 'धारण करने के कारण धर्म नाम है, धर्म प्रजाओं का धारण करता है; जिससे लोक का धारण हो, लोक की स्थिति हो वही निश्चय रूप में धर्म है।'

धर्म को कर्त्तव्य के साथ जोड़ा गया और कहा गया कि - 'हमारा जो धर्म है, उसका हम पालन करें।'

धर्म को मनुष्य की उन्नति, उसके अभ्युदय के साथ जोड़ा गया और मोक्ष का साधन माना गया। कहा गया -

यतोऽभ्युदय निःश्रेयसिद्धिः स धर्मः। (*वैशेषिक दर्शन*) ('धर्म वह है, जिससे मनुष्य की इस लोक में उन्नति होती है और परलोक में मोक्ष मिलता है।')

धर्म के दो रूप हैं-

(1) बाह्य, (2) आंतरिक। बाह्य धर्म आचरण से जुड़ा है, आंतरिक धर्म विचार से।

इस तरह आचार और विचार मिलकर 'धर्म' बनते हैं। आचार में धर्म के नाम

पर की जाने वाली तरह-तरह की क्रियाएँ आती हैं। जैसे-पूजा, आराधना, उपासना की विविध पद्धतियां, जप-तप, तीर्थ-व्रत, खान-पान, रीति-रिवाज, व्रत-त्यौहार आदि के ढंग। विचार के अंतर्गत आती हैं धर्म की बुनियादी बातें। चिन्तन-मनन। कर्त्तव्य-अकर्त्तव्य, का बोध। चित्त की शुद्धता। आचरण की पवित्रता का विचार। सत्य-असत्य की निर्णायक बुद्धि। अत: आचार में बाहरी आचरण पर, पवित्रता और पवित्रता के बाहरी नियमों पर, कर्मों के तौर-तरीके पर बल दिया जाता है; विचार में धर्म के मूल तत्त्व पर, चिन्तन पर दृष्टि रहती है।

हर धर्म के अपने आचार-विचार हैं। हर धर्म का अपना बाहरी रूप होता है। हर धर्म के अपने आराध्य देवता होते हैं। हर धर्म की अपनी पूजा-पद्धति, उपासना प्रणाली होती है। हर धर्म के अपने तीर्थ होते हैं। हर धर्म के अपने पर्व-त्यौहार और उत्सव होते हैं। इर धर्म के अपने आदर्श होते हैं। हर धर्म का अपना दर्शन होता है। हर धर्म की अपनी विचार-प्रणाली होतीं है। हर धर्म के अपने प्रतीक और धर्म-ग्रन्थ होते हैं।

लेकिन, हर धर्म में ऐसी बहुत सी समानताएँ भी हाती हैं, जो मनुष्य को उच्चता के समान धरातल पर प्रतिष्ठित करती हैं।

कुछ उदाहरण देखें। हिन्दू धर्म के पवित्र ग्रंथों में अहिंसा को परम धर्म कहा गया है। यथा-

यत्स्यादहिंसासंयुक्तं। स धर्म इति निश्चय:,
अहिंसार्थाय भूतानां धर्मप्रवचनं कृतम्।
(*महाभारत कर्ण पर्व, 69/57*)

अर्थात् 'जो अहिंसा से सहचरित है वही, निश्चित रूप में, धर्म है। प्राणियों के प्रति अहिंसा के लिए ही धर्म का व्याख्यान किया जाता है।'

इसी तरह सत्य, प्रेम, करुणा, दान, परसेवा पर हिन्दू धर्म में बार-बार बल दिया गया है। छोटे से लेकर बड़े तक, हर प्राणी को समान मानते हुए, उसके प्रति करुणा और आदर का भाव रखने की बात कही गई है। मनु की धर्म के दस लक्षणों की बात सर्व प्रसिद्ध है। मनु के अनुसार-

धृति: क्षमा दमोऽस्तियें शौचमिन्द्रियनिग्रह:।
धीर्विद्या सत्यमक्रोधो दशकं धर्मलक्षणम्।।

(धर्म के दस लक्षण है: धृति, क्षमा, दम, चोरी न करना, भीतरी-बाहरी स्वच्छता या शुचिता, इन्द्रिय-निग्रह, बुद्धि, विद्या, सत्य और क्रोध न करना।)

इनमें से भी उन्होंने सभी वर्णों के लिए पाँच बातों पर विशेष बल दिया-

अहिंसा सत्यमस्तेयं शौचमिन्द्रियनिग्रहः।
एतं सामासिकं धर्म चातुर्वर्ण्येऽब्रवीन्मनुः।।

(अहिंसा, सत्य, चोरी न करना, स्वच्छता और इंद्रियों का संयम।)
संक्षेप में इस विचार से हिन्दू धर्म का सार है-

1. सबसे बड़ा धर्म है- अहिंसा।
2. धर्म का अर्थ है- सत्य का पालन।
3. धर्म का आशय है- चोरी न करना।
4. धर्म है अंतःकरण की, हृदय की और शरीर की शुचिता, स्वच्छता और पवित्रता।
5. धर्म है- इन्द्रियों पर संयम।
6. धर्म है- विद्या, बुद्धि से युक्त होना।
7. धर्म है- दूसरों के प्रति क्षमा और दया, प्रेम तथा करुणा का भाव रखना।

सभी को अपने समान समझते हुए, किसी को न सताना, सब पर दया करना, सब के प्रति हित का भाव रखना आदि के आचार-विचार धर्म के अंतर्गत आते हैं।

लगभग यही सारी बातें जैन धर्म में भी मिलती हैं। जैन धर्मावलम्बी क्षमा, मार्दव - विनम्रता, आर्जव - सरलता, शौच - स्वच्छता, सत्य, संयम, तप, त्याग, अकिंचनता - ममता त्यागना और ब्रह्मचर्य - इन दस धर्मों की 'दशलक्षण पर्व' या 'पर्यूषण पर्व' के रूप में आराधना करते हैं। अहिंसा जैन धर्म की केन्द्रीय विशेषता है। हिंसा, झूठ, चोरी, कुशील और परिग्रह - इन पाँच पापों को छोड़ देने का जैन धर्म में अनिवार्य आग्रह किया गया है। इन पाँचों के त्याग का व्रत ही पाँच अणुव्रत हैं।

वास्तव में जैन धर्म के ये पाँच सिद्धान्त मनुष्य एवं प्रकृति की अंतरंगता का परिचय देते हैं। अहिंसा, ब्रह्मचर्य, अपरिग्रह, अचौर्य और सत्य - इन पाँचों सिद्धान्तों के निहितार्थ बताते हैं कि मानव में करुणा है, सत्यवादिता एवं संयम है तथा संग्रह की वृत्ति लालच अथवा हिंसा के भाव नहीं हैं। अहिंसा के प्रतिपादक को जीव-जगत् की सुरक्षा की चिन्ता रहती है। जहाँ सूक्ष्मातिसूक्ष्म कीटाणु का और कीट-पतंगों की हत्या का निषेध हो, वहाँ शिकार जैसे क्रूर कर्म की संभावना तक समाप्त हो जाती है। "मित्त मे सत्य भतेसु" - मैं सभी भूत प्राणियों का मित्र हूँ "वैरं मझ्झ न केणई"-मेरा किसी से वैर नहीं है, यह है जैन धर्म का आदर्श।

बौद्ध धर्म के 'अष्टांगिक मार्ग' भी हिन्दुओं के दस धर्म लक्षण और जैन धर्मावलम्बियों के 'दशलक्षण पर्व' या 'पर्यूषण पर्व' एवं पाँच अणुव्रतों के समकक्ष हैं। इस 'अष्टांगिक मार्ग' में निर्वाण पाने के आठ मार्ग बताए गए हैं–

(1) सम्यक् ज्ञान – आर्य सत्य को ठीक से जानना।
(2) सम्यक् संकल्प – दृढ़ निश्चय।
(3) सम्यक् वचन – सत्य बोलना। वाणी से किसी को न सताना।
(4) सम्यक् कर्मान्त – हिंसा, द्रोह और बुरे आचरण से बचना।
(5) सम्यक् आजीव – न्याय से, ईमानदारी से जीविका चलाना।
(6) सम्यक् व्यायाम – सत्कर्म के लिए सदा उद्योग करना।
(7) सम्यक् स्मृति – लोभ आदि चित्त को दुःख देने वाली बातों से बचना।
(8) सम्यक् समाधि – राग-द्वेष को छोड़कर चित्त को एकाग्र करना। ध्यान लगाना।

बौद्ध धर्म में भी अहिंसा पर बहुत बल है।

अब इस्लाम धर्म की ओर देखें। इस्लाम के पाँच स्तम्भ है– ईमान, नमाज, रोजा, जकात और हज। इन मूल सिद्धान्तों में सत्य का समावेश है। अपने-अपने कर्त्तव्य-पालन का सन्देश है। गरीबों, अनाथों, अस्पतालों, स्कूलों आदि के लिए दान देने का विधान है तथा अनावश्यक किसी के हक (अधिकार) छीनने की भर्त्सना है। यह धर्म सभी को समान मानता है, क्योंकि इसकी दृष्टि में सब एक ही अल्लाह के बन्दे हैं। इस्लाम में सदाचार पर बहुत जोर है। स्त्रियों को ऊँचा दर्जा दिया गया है। हृदय की पवित्रता पर बल दिया गया है। अन्याय – अत्याचार को त्याज्य माना गया है। क्षमा करने की आदत डालने का आदेश है।

सिख धर्म का आधार है गुरु की भक्ति। धर्म के बाह्य रूप के साथ जिन मानवीय गुणों का समावेश इस धर्म में किया गया है, उनमें सत्य और अहिंसा का स्थान सर्वोपरि है। सत – सतश्री अकाल और जात-पाँत का भेदभाव भुलाकर सभी को एक मानना, यह सिख धर्म की मूल शक्ति है।

ईसाई धर्म भी उदारता और दया पर विशेष बल देता है। इसका एक संदेश है–

Heal the Sick, Cleanse the Lepers,
Raise the Dead, Cast out Devils,
Freely, Ye have Received, Freely Give.

(बीमारों को चंगा करो, कोढ़ियों की सफाई करो,

मुर्दों को उठाओ, दुष्टों को निकालो,
खुले हाथों से तुम्हें मिला है, खुले हाथों से दो।)

इस धर्म में क्षमा और दान, करुणा और प्रेम, अहिंसा और अक्रोध पर भी बल दिया गया है। हृदय की पवित्रता और उदारता, चित्त की शान्ति, सत्यनिष्ठा, दूसरों की सहायता आदि पर ध्यान दिया गया है। इस धर्म में भी मनुष्य को श्रेष्ठ मानते हुए उसे आत्मग्लानि से बचने की बात कही गई है। ईसा मसीह का सन्देश है कि तुम, तो पृथ्वी के नमक हो। विश्व के प्रकाश हो। तुम किसलिए अपने को अपवित्र और पापी समझते हो? परम पवित्र प्रभु की सन्तान को ऐसी मान्यता शोभा नहीं देती। तुम अपने को नीच और अपवित्र मत समझो। अपना आदर करो। अपना आत्म सम्मान जगाओ। तुम एक परमपिता की सन्तान हो। सब बराबर हो। कोई नीचा नहीं, कोई ऊँचा नहीं।

पारसी धर्म की मान्यता है कि सत् की रचना ईश्वर ने की है। सत् में जीवन है, प्रकाश है और सभी अच्छी बातें हैं। असत् में मृत्यु है, अंधकार है और सभी बुरी बातें हैं। मनुष्य को चाहिए कि वह सत् को ग्रहण करे और असत् का परित्याग करे। इसी तरह यह धर्म भी मनुष्य को सदा सत्कर्म करने की शिक्षा देता है। तदनुसार मनुष्य का कर्त्तव्य है कि वह सब से प्रेम करे। सब की सेवा करे। देवताओं और संतों का आदर करे। सभी सत्कर्मों में सहायता करे। उनमें हाथ बँटाए। सभी भले पशुओं की रक्षा करे। उन पर दया करे। दान दे। सब पर करुणा करे। न्याय पर चले। श्रम करे और स्वावलम्बी बने। इन धर्म के अनुयाइयों की यह दृढ़ धारणा है कि ईश्वर पर विश्वास रख कर सत् का सदा समर्थन करते रहने से मनुष्य अपना कर्त्तव्य पूरा कर सकता है।

यहूदी धर्म की भी मान्यता है कि ईश्वर जीव और जगत् को रचने वाला है। वह सत्कर्म से, प्रेम से, करुणा से, सबके साथ स्नेह भरा व्यवहार करने से प्रसन्न होता है। यहूदी धर्म कहता है कि ईश्वर से प्रेम करना है तो मनुष्य से प्रेम करो, अपने भाइयों से प्रेम करो। यह प्रेम पूरे मन, वचन और कर्म से होना चाहिए। अन्याय न करो। शोषण न करो। किसी को सताओ मत। जमीन की सेवा करो। गुलामों को मुक्त करो। सदाचार का पालन करो। श्रम करो। लालच मत करो। यही यहोवा का आदेश है। प्रेम, करुणा, सत्य, आस्तेय, ब्रह्मचर्य, श्रमनिष्ठा, भूमि की सेवा, दुखियों की सेवा, अनाथों, पीड़ितों ओर विधवाओं की सेवा, सदाचार और पवित्रता-यह यहोवा को प्रसन्न करने के उपाय हैं।

कुछ धर्म और हैं- ताओ धर्म तथा कनफ्यूश धर्म। चीन में इन दोनों ध

र्मों के अतिरिक्त बौद्ध धर्म भी प्रचलित है। जिसे वहाँ शी जिआओ कहते हैं। ताओ धर्म (ताओ जिआओ) लाओत्से का धर्म है, जो तर्क सम्मत है। इस धर्म में 'ताओ' पर बल है, जिसे महान और सर्वव्यापी माना गया है। वह द्रष्टा और कर्त्ता है। प्रेम से सभी को लपेटे रहता है। प्रेम से सबका पोषण करता है। उसमें न अहंकार है, न कोई महत्त्वाकांक्षा । सरलता, प्रेम, युद्ध का विरोध ताओ धर्म के अनुकरणीय सूत्र हैं। ताओ उपनिषद् के अनुसार ताओ रीति है- आसक्ति छोड़कर काम करना, बिना प्रपंच बढ़ाए सदा प्रसन्न रहना, छोटे में बड़ा देखना, थोड़े में अधिक, आघात के बदले दया करना, अपने काम को सही समय पर कर लेना। तीन बहुमूल्य चीजें हैं- मार्दव, परिमितता और विनय शीलता। मार्दव से धैर्य आता है, परिमितता से उदारता। ताओ पुरुष है, वह पैदा करता है। तेह प्रकृति है जो पोषण करती है। इस धर्म के अनुसार परम धर्म है- निर्माण और संरक्षण करना, कर्त्तापन का अहंकार न करते हुए कर्म करना, कर्म करके फल की आशा न रखना। बिना विनाश के विकसित होना। इस धर्म में भी प्रेम महत्त्वपूर्ण है। उसी की सत्ता चलती है। शांति में ही सुख बताया गया है। आत्मसंतोष सर्वोपरि है।

कनफ्यूश धर्म के आख्याता संत कांगफ्यूत्सी ने मानवीय गुणों पर सर्वाधिक बल दिया है। वे मानवीय गुणों के विकास के आकांक्षी थे, जिनमें विवेक, न्याय, सरलता, सत्य, सब का हित, सब का कल्याण, सद्वृत्ति प्रमुख हैं। इनके विकास से ही मनुष्य-समाज सुखी और प्रसन्न रह सकता है। इस धर्म की पाँच बातें मुख्य हैं- प्रेम, न्याय, विनम्रता, विवेक और ईमानदारी। इस धर्म का मूल सूत्र है- "तुम्हें जो चीज नापसन्द है, वही दूसरे के लिए हर्गिज मत करो।" सच्चाई के पालन पर यहाँ भी बल दिया गया है। आत्म-सुधार यहाँ भी विकास का प्रस्थान-बिन्दु है। जीवन का सच्चा आनन्द यहाँ भी संतोष में माना गया है। संक्षेप में इस धर्म में सद्गुण ये बताए गए हैं- जेन, चून जू, ली, ते और वेन, जिनका अर्थ है-

1- हमारा आचार ठीक हो। हम सदाचारी हों। हम आत्मनियंत्रण रखें।
2- हमारा व्यवहार ठीक हो। सब लोगों से हम अच्छा व्यवहार करें। हमारे हृदय में प्रेम और करुणा हो।
3- हमारा ज्ञान ठीक हो। हममें विवेक हो। जो बातें हमें जँचे, केवल वही करें।
4- हममें नैतिक साहस हो। हम अपने प्रति ईमानदार रहें और पड़ौसी के प्रति उदार । हर बात में हम सच्चे रहें।
5- हम सदैव अपने गुणों पर डटे रहें। सबके प्रति दया बरतें। सबके प्रति उदारता

बरतें। यह हमारे जीवन का स्वभाव बन जाए।

इस प्रकार हम पाते हैं कि सभी धर्म किसी न किसी ईश्वरीय सत्ता को मानते हुए मनुष्य में सद्गुणों - प्रेम, अहिंसा, करुणा, विवेक, दूसरे के प्रति समानता का भाव तथा सम्मान की भावना, और सदाचार के विकास पर बल देते हैं। और -

"श्रुति विभिन्ना स्मृतयश्च भिन्न
न एको मुनिर्यस्य वच प्रमाणम्।
धर्मस्य तत्वं निहितं गुहायाम्
महाजनो येन गतः स पन्था।"

(श्रुतियाँ विभिन्न हैं, स्मृतियाँ भी भिन्न हैं और एक भी मुनि का वचन प्रमाण नहीं है। धर्म का तत्त्व तो गहन है। इसलिए इसे जानने के लिए तो महाजन जिस मार्ग पर चलते हैं, वही केवल मार्ग है!)

क्या धर्म मनुष्य, विज्ञान और प्रगति-विरोधी है?

'धर्म' वास्तव में आम आदमी में कुछ भ्रान्तियों और गलत धारणाओं के कारण मनुष्य-विरोधी मान लिया गया है। यह शब्द 'रेलीजन' के त्रुटिपूर्ण अनुवाद के कारण अपना वास्तविक स्वरूप बिगाड़ चुका है। इस सम्बन्ध में हम यहाँ **डॉ. विद्यानिवास मिश्र** के धर्म विषयक चिन्तन से कुछ पंक्तियां उद्‌घृत करना चाहेंगे। वे कहते हैं, " 'धर्म' एक गलत अनुवाद के कारण अवमूल्यन का शिकार हो गया है । इसे 'रेलीजन' का पर्याय मान कर इसका मूल्य घटा दिया गया है। यही नहीं, जो अपने को स्पष्ट रूप से इस्लाम मजहब का मानते हैं, वे तो मजहब से परे एक धर्म की बात करते हैं, और वह धर्म उन्हें गीता में मिलता है, पर हिन्दुस्तान का आदमी धर्म को अस्पृश्य मानने लगा है। उसके भीतर एक चोर बैठ गया है कि धर्म विज्ञान का विरोधी है, प्रगति का विरोधी है, मानव को हीन बनाता है, एक झूठी खामखयाली में डुबोये रखता है। वह मनुष्य को उसके यथार्थ से काटता रहता है, वह हमेश इस लोक का तिरस्कार करता है, परलोक की चिन्ता करता है मनुष्य की स्वाधीनता में अनावश्यक हस्तक्षेप करता है। वह केवल बाहरी आडम्बर है, वह हेय है।" (देखें-*संचारिणी, (निबन्ध संग्रह), 1982, पृष्ठ-35)*

वस्तुतः यह स्थिति क्यों पैदा हुई? इसके दो कारण हो सकते हैं, जिनका **विद्यानिवास जी** ने उल्लेख किया है- "ऐसा मानने के पीछे दो प्रकार की परिस्थितियां हैं, एक तो अपने ही समाज की विडम्बना से पैदा हुई है, दूसरी उत्पन्न हुई है ओढ़ी हुई पश्चिमी मानसिकता से।" अपने समाज की विडम्बना

यह है कि धर्म के नाम से जो संस्थान बने हैं, वे धर्म के मूल भाव को ही उन्मूलन करने में लगे है। धर्म का मूल भाव निष्कपट व्यवहार, आर्जव, सब में अप्रतिहत विश्वास और इन संस्थानों की दशा तुलसी के शब्दों में यह है कि:

करहु विमल हिय बसहिं हृदय हरि हौं समुझौं समुझावौं।
पै निज डर अभिमान मोह मद खलमंडली बसावौं।।

उपदेश देना है हृदय पवित्र करो, निर्मल करो, भगवान बसें और स्वयं अपने हृदय में अभिमान, मोह और मद की पूरी मण्डली बसाते हैं। साधारण आदमी भूल जाता है कि संस्थान धर्म नहीं हैं, धर्म तो संस्थान विरोधी है, वह संस्थान को धर्म मान लेता है और संस्थान में लोभ और ढोंग देखता है तो धर्म को लोभी और ढोंगी मानने लगता है। वह सोचने लगता है कि धर्म को आदमी की, विशेष रूप से ग़रीब आदमी की चिन्ता नहीं होती।

दूसरी परिस्थिति और खतरनाक है। पश्चिम के प्रभाव में हमने अखण्ड दृष्टि खो दी, हम भौतिकवाद और अध्यात्मवाद के द्वैत की बात करने लगे, परमार्थ और लोक में विरोध देखने लगे, शरीर और आत्मा को अलग देखने लगे। उस प्रभाव में हमें अपने देश में धर्म की अवधारणा का विकास कुछ अपरूप दिखने लगा, धर्म ठहराव के रूप में देखा जाने लगा। हमने मानतावादी दृष्टि का अर्थ यह समझना शुरू किया कि मानवतावादी होने का अर्थ है मानवेतर का निषेध, और मानव को मानव से जोड़ने वाली शक्ति का भी निषेध हम करने लगे।

परन्तु धीरे-धीरे इन विसंगतियों और विडम्बनाओं के ही कारण हम अपनी अस्मिता की पहचान की ओर सचेत हुए हैं। पश्चिम के लोग भी अपनी अतिवादी द्वैतदृष्टि का आग्रह छोड़कर, मनुष्य की एकांत प्रगति के बारे में सोचने लगे हैं। हमारे देश में भी संवेदनशील लोग धर्म के मूल की ओर अग्रसर होने के लिए सचेष्ट होने लगे हैं। वे अनुष्ठान एवं आचार के अभिप्रायों में सौन्दर्य का अन्वेषण करने की ओर बढ़ रहे है। साहित्य, संगीत, ललित कला- सभी क्षेत्रों में अपनी भीतरी अन्विति के लिए एक चिन्ता दिखाई देने लगी है। यह चिन्ता अब मनुष्य के अस्तित्व की चिन्ता बन रही है, इसलिए अब खुले मन से धर्म के बारे में बात की जा सकती है।''

आइए देखते हैं धर्म के कुछ प्रतीक-रूपों को। इन अभिप्रायों के निहितार्थों पर दृष्टि डालें। इससे धर्म और इसके प्रतीकों-अभिप्रायों में निहित सौन्दर्य का उद्घाटन स्वत: ही हो जाएगा।

(1) धर्म का एक बहुप्रचलित पौराणिक प्रतीक है-वृष।

वृष कृषि का धुरंधर है। मिट्टी को उर्वर बनाता है। बीज-धारण के योग्य बनाता है। जिस तरह मिट्टी को सुसंस्कृत बनाया जाता है, उसी तरह मनुष्य भी सुसंस्कृत बनता है। यानी, 'एग्रीकल्चर' की तरह हुई 'कल्चर'! सुसंस्कृत व्यक्ति, उर्वरा मिट्टी की ही भाँति, शील, सद्गुणों, मानवीय गुणों को बीज की तरह धारण करता है। वृष के चार पैर हैं, जो सत्य, दया, तप और दान के प्रतीक कहे गए हैं। वह गौ रूपी पृथ्वी का संरक्षक है।

(2) पुराणों में धर्म को विवस्मान् सूर्य का पुत्र कहा गया है।

सूर्य हमारे जीवन का आधार है। वह प्रकाश-रूप है, प्रेरक है। धर्म भी जीवन का सच्चा आधार है। वह भी जीवन-प्रेरक है। मीमांसा में धर्म का यही लक्षण बताया गया है कि जो मनुष्य को प्रेरित करे, उत्सुक बनाए, जीवन की यात्रा बने।

(3) आचार्य क्षितिज मोहन सेन ने धर्म के विकास को वृक्ष के रूप में देखा है।

वृक्ष प्रकृति का वरदान है। सृष्टि-चक्र का आख्याता है। धर्म का विकास हमारे यहाँ वृक्ष के रूप में हुआ है। अपने आप शाखा-प्रशाखाएँ फूटी हैं, पत्ते झरे हैं, नए फूल आए हैं, नए फल आए हैं, फल के बीज नए पेड़ बने हैं, पेड़ नया होता रहा है, नई दिशाएँ छूता रहा है, नए विहगों को आश्रय देता रहा है। उसका विकास पूर्व-आकल्पित भवन के रूप में नहीं हुआ है। इसीलिए यह अपरिमेय अवधारणा है, पूर्व निश्चित अवधारणा नहीं है यह वैदिक ऋत का ही रूपान्तर है। ऋत का अर्थ है - सृष्टि-संचालन की वह गति जो गति की निरन्तरता बनाए रखती है, बिना दूसरी गति को खण्डित या नष्ट किए।

हम समझते हैं कि अब और अधिक विस्तार में जाने की आवश्यकता नहीं है।

हम पुनः धर्म की उस केन्द्रीय चर्चा पर आते हैं, जिसमें धर्म की मूल भावना को समझने की चेष्टा की गई है।

धर्म का सम्बन्ध जीवन-मूल्यों से है, यह बात पिछले पृष्ठों से स्पष्ट हो गयी है। मनुष्य के व्यक्तित्व का, सुसंस्कृत होने का, उसमें निहित अच्छाइयों या बुराइयों का निरूपण किन्हीं मूल्यों से ही किया जा सकता है। व्यक्तित्व की विशेषताएँ या तो स्वयं में मूल्यवान होती हैं अथवा जीवन-मूल्यों के उत्पादन एवं संरक्षण का साधन। इसलिए किसी संस्कृति के अध्ययन में यह प्रश्न उठता है कि उसके जीवन-मूल्य क्या हैं? हम देखते हैं कि वैदिक काल के आर्य ऐश्वर्य तथा सुखपूर्ण ऐहिक जीवन को महत्त्व देते थे, उपनिषद् काल में जीवन-मूल्यों

की इस धारणा के विरुद्ध विद्रोह हुआ, और मोक्ष या अमृत्व नाम के नए आदर्श की प्रतिष्ठा हुई। संस्कृत के ग्रन्थों में मूल्य (वैल्यू) शब्द का आधुनिक अर्थ में प्रयोग नहीं हुआ है, वहाँ 'पुरुषार्थ' शब्द का प्रचलन रहा है। उस समय हमारे देश में चार पुरुषार्थ की धारणा सुप्रतिष्ठित रही - धर्म, अर्थ, काम और मोक्ष। इनमें से मोक्ष को छोड़कर विवाद तथा व्याख्या के विषय मुख्यत: तीन ही रहे - धर्म, अर्थ और काम। धर्म एक नियामक तत्त्व है, जिसकी सीमा में रहते हुए अर्थ तथा काम का सम्पादन होना चाहिए।

महाभारत के अंत में एक प्रसिद्ध उक्ति है-

ऊर्ध्वबाहुर्विरौम्येष न च कश्चिच्छृणोति मे
धर्मादर्थश्च कामश्च स धर्मः किन्न सेव्यते।

अर्थात् 'मैं बाँह उठा कर उच्च स्वर में कह रहा हूँ, किन्तु कोई सुनता नहीं, धर्म से अर्थ और काम की प्राप्ति होती है, उस धर्म का सेवन क्यों नहीं करते।'

अर्थ और काम मनुष्य की जीवनेच्छा तथा जीवन-संभोग के प्रतीक हैं; संसार के सारे संघर्ष इन्हीं दो चीजों के लिए होते हैं। प्रश्न उठता है, क्या अर्थ और काम के लिए कुछ भी किया जा सकता है? सारी नैतिकता, सारे मूल्य छोड़ दिए जायें?

धर्म इसी पर ध्यान दिलाता है।

महाभारत में ही एक अच्छा उदाहरण मिलता है। विश्वमित्र से सम्बन्धित एक आख्यान है। विश्वमित्र भूख से बहुत परेशान हुए, तो उन्होंने कुत्ते का मांस खाया। इस पर चाण्डाल ने पूछा-यह क्या अधर्म कर रहे हैं? विश्वमित्र का उत्तर था-

येन येन विशेषेण कर्मणा येन केनचित्।
अभ्युज्जीवेत् साद्यमानः समर्थो धर्ममाचरेत्।।
यथायथैव जीवद्धि तत्कर्त्तव्यमहेलया।
जीवितं मरणाच्छ्रेयो जीवन् धर्मम् वाप्नुयात्।।

"जिस-जिस कर्मविशेष से दुःख, क्लेश और निराशा में डूबा हुआ आदमी ऊपर उठता है, जीने का उत्साह पाता है, उस कर्म को करते हुए समर्थ व्यक्ति धर्म का ही आचरण करता है, क्योंकि जैसे-तैसे भी जीना परम धर्म है और जीने के लिए जो करना पड़े, उसकी अवहेलना नहीं करनी चाहिए, जीना मरने से अधिक श्रेयस्कर है, क्योंकि धर्म जीकर ही किया जा सकता है।"

यह ठीक है कि जब तक जीवन है, तभी तक यह जीवन-धर्म है। जब

जीवन ही नहीं रहेगा, तब धर्म का पालन कैसे होगा?

ऊपर जो आख्यान उद्धृत किया गया है, वह आख्यान आपद्धर्म के प्रसंग में आया है, जो धर्म को जीवन के साथ सम्पृक्त होने को रेखांकित करता है। लेकिन यह आख्यान और उसमें विहित धर्म धर्म का एक बहुत छोटा पक्ष है।

वास्तव में राजव्यवस्था और समाज-व्यवस्था के लिए लोकायत ही ग्राह्य है। उदाहरण के लिए यदि हम किसी चोर को चोरी का दण्ड देना चाहें तो वह जन्मान्तर की बात करके कह सकता है कि यह धन तो मेरी सम्पति है, पूर्व जन्म की ही सही, चोरी कहाँ है, और इससे क्या होगा; अव्यवस्था फैलेगी। यहाँ पर इस लोक में जो दिखाई देता है, उसका नियन्त्रण दिखाई देने वाले प्रमाण से ही होना चाहिए। लोकायत और पारमार्थिक दर्शनों में विरोध नहीं, दोनों दो सीढ़ियां हैं। इतना अवश्य है कि लोकायत राजव्यवस्था के लिए उपयोगी है, किन्तु आभ्यन्तर मानवीय एकता या उससे भी परे जायें तो विश्व सत्तामात्र की एकता के लिए यह आधार या आदर्श नहीं बन सकता। स्वयं लोकायत के भी आधार हैं, धर्म के अविरोधी काम और अर्थ। इस संदर्भ को और आगे बढ़ाते हुए **डॉ. विद्यानिवास मिश्र** ने बहुत अच्छी बात कही है। वे लिखते हैं, "धर्म के अविरोधी कहने का अभिप्राय यह है कि निरन्तरता और अखण्डता का विरोधी। वैसे तो धर्म का विरोध तो किसी से है ही नहीं। धर्म कभी छोटा हो सकता है, कभी बड़ा। छोटा धर्म, बड़े धर्म का साधक होता है, तो वह भी बड़ा धर्म बन जाता है। माँ-बाप की सेवा, पुत्र-पुत्री के सुख के लिए स्वयं कष्ट उठाना, मित्र के विश्वास की रक्षा करना यदि बड़े धर्म के साधक बनते हैं, अर्थात् आदमी यह सब इसलिए करता है कि वह अपने नर-जन्म को सार्थक कर रहा है और दूसरे की चिन्ता के द्वारा परम् पुरुष विराट् अस्तित्व (जो घूम फिर कर आत्म-अस्तित्व ही है) की चिन्ता करना ही बड़ा धर्म है। वह छोटा धर्म तब बनता है, जब दूसरे के माँ-बाप की सेवा या दूसरे के पुत्र-पुत्री के प्रति प्यार या दूसरे की मैत्री को सेवा, प्यार या मैत्री नहीं मानता, उल्टे उनके आचरण अन्तराय बनने में सुख पाता है।" *(संचारिणी, पृष्ठ-38)*

बड़े धर्म की चिन्ता क्या है? शील। वास्तव में शील से ही मनुष्य की श्रेष्ठता पता चलती है। वह छोटा या बड़ा जाति, वर्ण, धन, विद्या या तप से नहीं, शील से नापा जाता है। यहाँ हम फिर महाभारत का ही एक प्रसंग उद्धृत करना चाहेंगे, जो **विद्यानिवास जी** ने इसी संदर्भ में उद्धृत किया है।

दुर्योधन ने धृतराष्ट्र से पूछा कि पिताजी युधिष्ठिर का अभ्युदय क्यों इतना हो

रहा है? धृतराष्ट्र ने उत्तर दिया, बेटा उसके पास शील है। यह बात नहीं कि तुम प्रजापालन नहीं करते हो, मैत्री का निर्वाह नहीं करते हो, वृद्धों का आदर नहीं करते हो, पर तुम यह सब करते हो किसी दूसरे से उत्कृष्टतर होने के लिए, किसी को पराभूत करने के लिए, तुम्हारा स्व संकीर्ण है। शील की पहचान यह है:

अद्रोहः सर्वभूतेषु कर्मणा मनसा गिरा।
अनग्रहश्च दानं च शीलमेतत् प्रशस्यते।।
यदन्येषा हितं न स्यादात्मनः कर्म पौरुषम्।
अपत्रपेत वा येन न तत्कुयति् कथंचन।।
यद्यप्यशीला नृपते प्राप्नुवन्ति श्रियं क्वचित्।
न भुञ्जते चिरं तात समूलाश्च न सन्ति ते।।

(मनुष्य ही नहीं) समस्त प्राणियों के प्रति मन, कर्म, वचन से द्रोहभाव न रखना, सबके प्रति अनुकूल भाव रखना, सबके प्रति उत्सर्गभाव रखना यही शील है। जिस पौरुष या कर्म से दूसरे का अहित हो या जिस कर्म से अपने भीतर ग्लानि हो, उसे न करना; यही शील का लक्षण है। और बेटा, जो शीलवान नहीं हैं, वे भी श्री सम्पन्न होते हैं, पर एक बात है, लक्ष्मी देर तक उनके पास नहीं टिकती और हाँ, उनकी कोई जड़ नहीं जम पाती, वे उखड़ते हैं, तो उखड़ जाते हैं।

शील सर्वोपरि है। यदि शील न हो तो मनुष्य के सत्य, जप, तप, ज्ञान, सर्व विद्या और कला निष्फल होते हैं –

सत्यं जपो तपो ज्ञानं
सर्व विद्याः कला अपि।
नरस्य निष्फलाः सन्ति
यस्य शीलं न विद्यते।।

(एक संस्कृत सुभाषित)

शील शुद्ध चरित्र को कह तो सकते हैं, लेकिन ध्यान रखना होगा कि चरित्र कई बार ऊपर से ओढ़ा हुआ भी होता है, या उसे आरोपित माना जा सकता है; किन्तु शील हमारे भीतर से अपने आप पैदा होता है। जैसे फूल खिलता है। एक विचारक के अनुसार, शील का अर्थ है : ध्यान से खुली हुई आँख, जो तुम्हारा हलन-चलन है, गति है, तुम्हारे जीवन की विधि है, शैली है, वही शील है। शील, इस विचार से, विवेक का सहधर्मी है।

मनुष्य पृथ्वी पर शून्य से नहीं टपका। जैविक विकास, संघर्ष और आपसी सहयोग की एक लम्बी प्रक्रिया के माध्यम से वह इस भौतिक सृष्टि की

पृष्ठभूमि से विकसित होता हुआ यहाँ तक पहुँचा है। उसकी नाल कभी कटी नहीं: अपने मस्तिष्क, बुद्धि और इच्छा के साथ वह भौतिक ब्रह्माण्ड का एक अंग बना रहा है। इस संदर्भ में सुप्रसद्धि विचारक **एम.एन.राय** कहते हैं, "यह ब्रह्माण्ड एक सुव्यवस्था है- एक विधि-संचालित व्यवस्था। इसलिए मनुष्य का सत्त्व और उसका सम्भवन, उसके भाव, इच्छा, विचार भी तय हैं: मनुष्य सारतः विवेकशील है। मनुष्य में विवेक, ब्रह्माण्ड में समन्वय की प्रतिध्वनि है। नैतिकता को मनुष्य की अन्तर्जात विवेकशीलता के संदर्भ में समझा जाना चाहिए। केवल तभी मनुष्य सहजता और स्वेच्छा से नैतिक हो सकता है। विवेक उस नैतिकता के लिए एक मात्र आधार है जो अंतरात्मा को एक निवेदन है और अंतरात्मा, अपनी बारी में, परिवेश का सहज बोध और उस पर प्रतिक्रिया है।.... .... इसीलिए सभी सामाजिक प्रयासों का उद्देश्य मनुष्य को अपनी अंतर्जात विवेकशीलता के प्रति अधिकाधिक सचेत करते रहना चाहिए।" (देखें-*नव मानववाद, अनु. नन्द किशोर आचार्य, 1998,पृष्ठ-43)*

आगे चलकर उन्होंने इसे 'मौलिकवाद' से जोड़ा है और कहा है कि, "मौलिकवाद राष्ट्र या वर्ग की पदावली में नहीं सोचता; उसका सरोकार मनुष्य है; स्वतंत्रता से उसका आशय व्यक्ति की स्वतंत्रता है। इसलिए इसे नव मानववाद भी कहा जा सकता है- नया क्योंकि वह आधुनिक सभ्यता की शताब्दियों में प्राप्त वैज्ञानिक ज्ञान और सामाजिक अनुभव से सम्पन्न, पुनर्बलित और संवर्धित मानववाद है।"(देखें-*नव मानववाद, अनु. नन्द किशोर आचार्य, 1998,पृष्ठ-43)*

इस सब विचार से मानववाद वैश्विक है।

आधुनिक मानववाद अथवा नव मानववाद की जड़ें हमारी संस्कृति में निहित हैं। यह उसी का एक विस्तार कहा जाएगा और निश्चय ही इसके मूल में धर्म अवस्थित है। सच्चा मानव-धर्म, जो मनुष्य की गरिमा, अस्मिता, उसके सम्मान और उसकी स्वतंत्रता का पक्षधर है। यहाँ धर्म की त्रुटिपूर्ण अवधारणाओं से बचकर सोचना होगा। तभी नवमानववाद की यह अवधारणा साकार हो सकेगी, कि "मानववाद इतिहास का समवयसी है। मानववाद की सामान्य विशेषता युगों-युगों से चला आ रहा यह विश्वास है कि कुछ निश्चित मानव-मूल्य अन्य सभी सोच-विचार से ऊपर है और मानव-जीवन का प्रमुख उद्देश्य मानव-व्यक्तित्व का विकास है।"- क्या यह 'मनुर्भवः' की सही व्याख्या नहीं है?

3

मानव अधिकार : द्वंद्व-संघर्ष नहीं; सहयोग

सभी को जीने का अधिकार है। मनुष्य को भी और मनुष्य से इतर अन्य जीवधारियों को भी। जीवन चलाने के लिए बहुत-सी चीजों की आवश्यकता रहती है। हर प्राणी सुख चाहता है, दु:ख कोई नहीं चाहता। फिर इसमें कठिनाई क्या है? कठिनाई तब आती है, जब हम अपने सुख के लिए दूसरों के सुख, दूसरों के अधिकार छीनते हैं। दूसरों के अधिकारों का अपहरण करते हैं। दूसरों को दबाते हैं और कष्ट देते हैं। ऐसा होने पर समाज में द्वंद्व ओर संघर्ष होता है। विकास का एक सूत्र कहता है कि 'जो बलशाली है, वह जीत जाता है और जीवित रहता है, कमजोर हार कर जीवन गँवा बैठता है।' या 'बड़ी मछली छोटी मछली को निगल जाती है।' प्रकृति में यह नियम प्रगतिशील विचारधारा के अनुसार सदैव से चला आ रहा है। लेकिन क्या ऐसा होना ठीक है? क्या विकास की यह अवधारणा अराजक, अमानवीय और स्वार्थ-केन्द्रित नहीं है? इस अराजकता, अमानवीयता एवं स्वार्थपरता को मूल्यपरक बनाने के लिए समाज ने नियम बनाये । (हम यहाँ मनुष्य-समाज और उससे जुड़े अन्य कुछ जीवधारियों की बात कर रहे हैं।) उसके चिन्तन का प्रतिफल है कि मनुष्य ने इन नियमों को 'धर्म' मानकर, उनका पालन किया और अपनी श्रेष्ठता प्रतिपादित करते हुए, प्रकृति के प्रांगण में मानव-जीवन की प्रगति के अनेकानेक सोपान तय किए। भारत में **वेदों के समय से ही** यह अभ्यर्थना की जाती रही है-

सङ्गच्छध्वं सं वदध्वं सं वो मनांसि जानताम्।
देवा भागं यथा पूर्वे सञ्जनाना उपासते।।
समानी व आकूतिः समाना हृदयानि वः।
समानमस्तु वो मनो यथा वः सुसहासति।।

(ऋग्वेद, 10/191/2)

अर्थात् - सभी मनुष्य भली प्रकार मिल-जुल कर रहें। सब लोग प्रेमपूर्वक आपस में बातचीत करें। सबके मन में एकता का भाव हो। सब

अविरोधी ज्ञान प्राप्त करें। विद्वान् लोग जिस तरह सदा से ईश्वर का ज्ञान प्राप्त करके उपासना करते रहे हैं, उसी तरह तुम भी ज्ञान और उपासना में लगे रहो। सबके संकल्प एक-से हों। सबके निश्चय एक-से हों। सब के आशय एक-से हों। सबके मन में एक-सी ऊँची भावना हो। सब लोग एक-दूसरे से सहयोग करते हुए अच्छे ढंग से अपने कामों को पूरा करें।

और-

मित्रस्य मा चक्षुषा सर्वाणि भूतानि समीक्षन्ताम्।
मित्रस्याहं चक्षुषा सर्वाणि भूतानि समीक्षे।।

(यजुर्वेद, 36/18)

अर्थात् - सभी प्राणी मुझे मित्र के रूप में देखें और मैं भी सभी प्राणियों को मित्र के रूप में देखूँ।

मात्र उदाहरण-स्वरूप दी गई ये कुछ अभ्यर्थनाएँ दर्शाती हैं कि हमारे देश में बहुत प्राचीन काल से ही अपने ही नहीं, सभी के अधिकारों, कर्त्तव्यों और सुख की कामना की जाती रही है। यहाँ संघर्ष नहीं, मैत्री और परस्पर सहयोग पर बल दिया गया है। अन्य देशों में भी ऐसा होगा; होना चाहिए।

लेकिन मनुष्य ने ज्यों-ज्यों 'विकास' किया; (यह विकास 'भौतिक' ही कहा जाए तो सुविधा रहेगी); नए-नए संघर्षों और द्वंद्वों ने जन्म लिया। अपने-अपने अधिकार के लिए सब लड़ने लगे। दूसरे का दमन करने लगे। शक्तिशाली व्यक्ति या समूहों-द्वारा दूसरों का शोषण करके ही वे अपना अस्तित्व बचा सकते हें- ऐसी कटु भावना ने घर करना शुरू कर दिया। परिणाम यह हुआ कि सामाजिक विघटन आरम्भ हो गया। यहाँ तक कि हम प्रकृति का दोहन नहीं शोषण करते हुए, उसके प्रति भी निर्मम होते चले गए। धीरे-धीरे ऐसा समय भी आया कि विचारशील प्राणी होने के नाते बहुत से मनुष्यों ने इस ओर पुनः सोचना आरम्भ किया। और किसी न किसी रूप में मानव-अधिकारों की बात उभर कर आने लगी। मनुष्य के अस्तित्व की चिन्ता से उपजे मानव-मूल्यों ने मानव-अधिकार-कानूनों का रूप लेना शुरू किया। यह मनुष्य की उसी कल्याणकारी भावना का परिचायक है, जो उसे विश्वात्मा बनाती है और उद्घोषणा करती है-

"बसुधैव कुटुम्बकम्" तथा- "सर्वेभवन्तु सुखिनः, सर्वेभवन्तु निरामयाः।"

यह बिल्कुल ठीक है कि हमारा हर कार्य वृहत्तर समाज के कल्याणार्थ होना चाहिए, तभी समाज सुखी रह सकेगा; किन्तु सुखी समाज तभी बनेगा, जब उसका प्रत्येक व्यक्ति सुखी होगा; निर्भय होगा, स्वतंत्र होगा। लोकतंत्र की

व्यवस्था इसी पावन उद्देश्य के लिए है।

मानव अधिकारों की अवधारणा एक क्रान्तिकारी अवधारणा रही है।

यदि हम मानव अधिकारों की ऐतिहासिक पृष्ठभूमि पर दृष्टि डालें, तो पाते हैं कि सन् 1215 के प्रारम्भ में **मेगना कार्टा** ने यह कहा था कि किसी भी व्यक्ति को उचित न्याय एवं उसके अधिकारों से वंचित न किया जाए। ऐसा ही प्रावधान कई राष्ट्रों के संविधानों तथा अधिकार-पत्रों (विल्स आफ राइट्स) में मिलता है। यथा- मैस्साचुसेस्ट्स (1780) और फ्रांस (1789) इत्यादि। इनमें समान न्याय दिलाने के लिए विधिक सहायता एवं विधिक सेवाओं की आवश्यकता पर बल दिया गया। हालांकि अंतर्राष्ट्रीय स्तर पर, इस सम्बन्ध में कुछ समग्र रूप से कार्रवाई कर पाना, द्वितीय विश्वयुद्ध के बाद ही संभव हो सका। (देखें-**डॉ. बद्री विशाल त्रिवेदी एवं डॉ. (श्रीमती) ऋता 'मानसी'** का लेख, *मानव अधिकार और पुलिस, पुलिस विज्ञान पत्रिका, अक्टूबर-दिसम्बर, 1993, पृष्ठ-12)*

न्यायमूर्ति **वी.एम. तारकुंडे** ने इसे और अच्छे रूप में व्याख्यायित करते हुए लिखा है "मानव अधिकारों की अवधारणा इतिहास की लम्बी अवधि में विकसित हुई। यह अवधारणा सत्ता के स्वेच्छाचारी इस्तेमाल को रोकने के उपकरण के रूप में विकसित हुई। आरम्भ में यह राज्यों के भीतर ही लागू होती थी, अंतर्राष्ट्रीय स्तर पर इसे लागू करने की व्यवस्था नहीं थी। वर्ग ओर नस्ल का खयाल किये बिना सभी मनुष्यों के अधिकारों के रूप में इस अवधारणा के विकसित होने में लम्बा समय लगा। 13वीं सदी का प्रसिद्ध मैग्ना कार्टा राजा और सामंतशाही के बीच एक समझौता था। हालाँकि इसमें कुछ ऐसी धाराएँ भी थीं, जो आम लोगों के लिए भी लागू होती थीं, पर इसका मुख्य मकसद ब्रिटेन के सामंतों के अधिकारों एवं विशेषाधिकारों की रक्षा करना था। मानवाधिकारों की इससे अधिक विस्तृत अवधारणा ब्रिटिश क्रान्तिकारियों ने पेश की, जब 1689 में राजा को पदच्युत करने तथा उसे मौत के घाट उतारने के बाद 'बिल ऑफ राइट्स' (अधिकार-पत्र) में उन्होंने सभी नागरिकों के न्यूनतम अधिकारों का वर्णन किया। लगभग एक सदी बाद 1776 में अमेरिकी क्रान्तिकारियों ने ब्रिटिश राजा की दासता से 'अहरणीय' मानवाधिकारों को शामिल किया। इनमें 'जीवन, स्वतंत्रता ओर खुशी की तलाश' के अधिकार शामिल थे। इसके कुछ ही समय उपरान्त फ्रांसीसी क्रान्तिकारियों ने राजा को हटाने और उसे मौत के घाट उतारने के बाद मनुष्य के अधिकारों का घोषणापत्र तैयार किया। इसमें उन्होंने

घोषित किया कि मनुष्य स्वतंत्र जन्म लेते और रहते हैं और उनके अधिकार बराबर हैं तथा किसी राजनीतिक संघ का उद्देश्य 'स्वतंत्रता, सम्पत्ति, सुरक्षा और दमन के विरोध' के मानवाधिकारों की पुष्टि है।" (देखें : *मानवाधिकारों का संघर्ष, (सं. राजकिशोर), 1995, पृष्ठ-34*)

अरिहन जैन का कहना है कि, "मानव अधिकारों के बारे में व्यवस्थित रूप से सोचने और उन्हें संगठित रूप देने का पहला अंतर्राष्ट्रीय प्रयास 25 सितम्बर 1926 को दासता के विरुद्ध हुए विश्व सम्मेलन के रूप में सामने आया। तकरीबन चार वर्ष बाद 28 जून 1930 को बलात श्रम पर सम्मेलन हुआ। 18 साल के लम्बे अंतराल के बाद मानव अधिकारों की पहली सुव्यवस्थित घोषणा 10 दिसम्बर 1948 को सामने आई। संयुक्त राष्ट्र संघ द्वारा की गई यह घोषणा '**मानव अधिकारों की विश्व घोषणा**' कहलाती है।" (देखें-*मानव अधिकारों का संघर्ष, (सं. राजकिशोर) 1995, पृष्ठ-11*) हम सब यह जानते होंगे कि एक विश्व संस्था के रूप में संयुक्त राष्ट्र संघ की स्थापना किस उद्देश्य से की गई थी। इस उद्देश्य से कि वह मानव जाति के कल्याण और मानव अधिकारों के महत्त्व व उपयोगिता के पक्षों पर अंतर्राष्ट्रीय दृष्टि रख सके। इस विश्व संस्था के अधिकार-पत्र (चार्टर) की उद्देशियका और अनुच्छेद-1, 55, 56, 62, 68 तथा 76 के अंतर्गत इस सम्बन्ध में महत्त्वपूर्ण प्रावधान किए गए। इसमें मानव अधिकारों के संरक्षण-हेतु एक कार्य-प्रणाली तथा कार्य-योजना का प्रावधान किया गया।

इसके बाद तो यह सिलसिला निरन्तर आगे बढ़ता चला गया। आज स्त्री अधिकार, अल्प संख्यकों के अधिकार, आतंकवाद और पर्यावरण-जैसे अनेक विषयों पर दुनियाभर में चर्चा हो रही है।

संयुक्त राष्ट्र संघ की स्थापना का इतिहास भी मनुष्य की युद्धलिप्सा के भयावह परिणाम और नियति से जुड़ा हुआ है। इस पर दृष्टि डालते हुए **श्री भूषण लाल वोहरा** ने लिखा है कि, "इस सदी में दो विश्वयुद्ध हुए। दोनों में बड़े पैमाने पर नर संहार हुआ। खासकर दूसरे विश्वयुद्ध में लाखों जानें गईं। कुछ गिनी-चुनी कौमों पर भयावह अत्याचार हुए। जैसे जर्मनी में हिटलर ने लाखों यहूदियों को मौत के घाट उतार दिया। जापान के हिरोशिमा और नागासाकी शहरों पर अमरीका ने एटम बम फेंका और दुनिया जैसे तहस-नहस हो गई। इस महायुद्ध में जर्मनी, जापान, इटली-जैसे देशों की हार हुई और अमरीका, इंगलैण्ड, रूस, फ्रांस आदि देशों की जीत हुई। लेकिन हार-जीत के इस चक्कर

में मानवता हार गई। इतनी बरबादी हुई कि बयान नहीं की जा सकती। इस सब ने मानव के मन को झिंझोड़ कर रख दिया। इस चेतना के फलस्वरूप दुनिया में शान्ति रखने के लिए दूसरे महायुद्ध के बाद 'लीग ऑफ नेशन्स' ने जन्म लिया और फिर 'यूनाईटेड नेशन्स' ने, जिसे हम संयुक्त राष्ट्र संघ कहते हैं।'' (देखें- *मानव अधिकार और पुलिस, 1995, पृष्ठ-19*)

जहाँ तक मानव अधिकार आयोग की स्थापना का प्रश्न है, इसका श्रेय संयुक्त राष्ट्र संघ को ही जाता है, जिसने मानवाधिकारों को प्राथमिकता देते हुए 1946 में अमेरिका के शहर सान फ्रांसिस्को में 'मानवधिकार आयोग' की स्थापना की। मानवाधिकार आयोग द्वारा तैयार किया गया मानव अधिकारों की विश्व घोषणा का एक प्रारूप 10 दिसम्बर 1948 को संयुक्त राष्ट्र संघ की महासभा (जनरल असेम्बली) में पेश किया गया। घोषणा के इस मसौदे को उसी दिन स्वीकृति मिली तथा इसको घोषित कर दिया गया। महासभा ने अपने सभी सदस्य देशों से अपील की कि वे इस घोषणा का प्रचार करें और देशों या प्रदेशों की राजनीतिक स्थिति पर आधारित किसी भी भेदभाव के बिना, विशेष रूप से स्कूलों और अन्य शिक्षण संस्थाओं में इसके प्रचार-प्रसार, प्रदर्शन, शिक्षण तथा व्याख्या की व्यवस्था करें। इसी दिन से प्रत्येक वर्ष 10 दिसम्बर को विश्व मानवाधिकार दिवस मनाया जाता है।

30 अनुच्छेदों के इस ऐतिहासिक घोषणापत्र का विश्व के कई देशों ने स्वागत किया और अपने-अपने यहाँ इस घोषणा को कानूनी रूप देने का प्रयास किया, ताकि इसे प्रभावशाली ढंग से लागू किया जा सके।

प्रारम्भ में मुख्यतः मानव अधिकारों का अर्थ समझा जाता था - व्यक्ति की स्वतंत्रता पर से प्रतिबन्धों को हटाना। मानवाधिकारों के समर्थक अल्पतम राज्य चाहते थे- एक ऐसा राज्य, जो कानून व्यवस्था को बनाए रखना अपना मुख्य कर्त्तव्य माने और जो मनमानी गिरफ्तारी, मनमानी तलाशी और सम्पत्ति की जब्ती तथा अभिव्यक्ति की स्वतंत्रता, संगठन की स्वतंत्रता एवं धार्मिक आस्था की स्वतंत्रता पर मनमाने प्रतिबंध लगाने से बाज आए। धीरे-धीरे इनमें विस्तार होता गया। दो विश्वयुद्धों के पश्चात् विश्वभर में क्रांतिकारी परिवर्तन घटित हुए। युद्ध के फासीवाद-विरोधी चरित्र को देखते हुए मानवाधिकारों की रक्षा तथा इन्हें आगे बढ़ाना मित्र देशों का मुख्य उद्देश्य होगया। जनवरी 1941 में अमेरिका के राष्ट्रपति **रूजवेल्ट** ने घोषणा की कि 'दुनिया में हर जगह' चार स्वतंत्रताओं- भाषण की स्वतंत्रता, उपासना की स्वतंत्रता, अभाव से स्वतंत्रता तथा भय से

स्वतंत्रता – का होना शान्ति की आवश्यक शर्त है। उसी वर्ष (1941 में ही) कुछ अंतराल के बाद **रूजवेल्ट** और **चर्चिल** ने अटलांटिक घोषणा-पत्र में इसी उद्देश्य की घोषणा की। 1944 में चार महाशक्तियों के प्रस्तावों से सहमति व्यक्त की, जिसमें संयुक्त राष्ट्र संघ के गठन का स्वप्न देखा गया था। उन्होंने फैसला किया कि इस अंतर्राष्ट्रीय संगठन का एक उद्देश्य मानवाधिकारों के सम्मान तथा मौलिक स्वतंत्रताओं को बढ़ावा देना होगा।

जैसा हमने पहले कहा, संयुक्त राष्ट्र संघ ने मानवाधिकारों के क्षेत्र में सर्वाधिक महत्त्वपूर्ण कार्य किया। जिस मानवाधिकार आयोग की स्थापना 1946 में सान फ्रांसिस्को में की गई उसकी अध्यक्ष बनीं **श्रीमती एलीनर रूजवेल्ट**। इसी आयोग ने मानवाधिकारों के विश्व घोषणा-पत्र का प्रारूप तैयार किया। घोषणा पत्र के उस प्रारूप को सितम्बर 1948 में संयुक्त राष्ट्र संघ की महासभा को सौंप दिया गया। प्रारूप को कुछ संशोधनों के साथ महासभा ने 10 दिसम्बर 1948 को सर्वसम्मति से अंगीकार कर लिया।

इसके बाद भी संयुक्त राष्ट्र संघ ने मानवाधिकारों की रक्षा के लिए कुछ और भी महत्त्वपूर्ण दस्तावेज विश्व के सम्मुख प्रस्तुत किए हैं, जिनमें से निम्नांकित विशेष महत्त्व रखते हैं-

(1) नागरिक एवं राजनीतिक अधिकारों का प्रतिज्ञा-पत्र (1966)
(2) आर्थिक, सामाजिक एवं सांस्कृत अधिकारों का प्रतिज्ञा-पत्र (1966)
(3) अंतर्राष्ट्रीय एजेंसी को याचिका देने-हेतु वैयक्तिक अधिकारों के लिए ऐच्छिक पूर्व संधि (1966)
(4) कैदियों के साथ व्यवहार के लिए मानक नियम (1971)
(5) कानून प्रवर्तन अधिकारियों के लिए संयुक्त राष्ट्र संघ की आचार संहिता (1979)
(6) किशोर अपचारिता के सम्बंध में न्याय के प्रशासन-हेतु मानक नियम (1985)
(7) शक्ति के दुरुपयोग और अपराध के शिकार व्यक्तियों के लिए मूलभूत न्यायिक सिद्धान्तों की घोषणा (1985)
(8) न्यायिक स्वतंत्रता के मूलभूत सिद्धान्त (1985)
(9) अन्य क्रूर, अमानवीय या अपमानजनक व्यवहार अथवा दण्ड की यातना के खिलाफ कन्वेंशन (1985)

यहाँ हम मानव अधिकारों की विश्व घोषणा के महत्त्वपूर्ण पक्षों को संक्षेप में दे रहे हैं।

"मानव अधिकारों की विश्व (या सार्वभौम) घोषणा"

अनुच्छेद - 1. सभी मानव प्राणी जन्म से ही स्वतंत्र तथा गरिमा और अधिकारों में बराबर हैं। उनमें विचार शक्ति तथा अन्तश्चेतना होती है और उन्हें एक-दूसरे के साथ भाई-चारे की भावना से काम करना चाहिए।

अनुच्छेद-2. इस घोषणा में शामिल सभी अधिकारों और स्वतंत्रताओं का हक हर किसी को नस्ल, रंग, लिंग, भाषा, धर्म, राजनीतिक, या अन्य मत, राष्ट्रीय या सामाजिक मूल, संपत्ति, जन्म या हैसियत का अन्य कोई आधार जैसे किसी भी तरह के भेदभाव के बगैर है। इसके अलावा, जिस भी देश या भूखंड के किसी भी व्यक्ति का सम्बन्ध है, भले ही वह स्वतंत्र हो, न्यास हो, गैर-स्वशासी या प्रभुसत्ता की किसी भी सीमा के तहत हो, उसके साथ उस देश या भूखण्ड की राजनीतिक, न्यायिक या अन्तर्राष्ट्रीय हैसियत के आधार पर कोई भेदभाव नहीं किया जायेगा।

अनुच्छेद-3. प्रत्येक व्यक्ति को जीने का, स्वतंत्रता का और व्यक्तिगत सुरक्षा का अधिकार है।

अनुच्छेद-4. किसी को गुलाम या बेगार के रूप में नहीं रखा जायेगा; गुलामी और बेगारी प्रथा के सभी रूपों को प्रतिबंधित किया जायेगा।

अनुच्छेद-5. किसी के साथ अत्याचार या निर्दयता अथवा क्रूर, अमानवीय या गरिमाहीन व्यवहार नहीं किया जायेगा न इस तरह की सजा किसी को दी जायेगी।

अनुच्छेद-6. प्रत्येक व्यक्ति को कानून के समक्ष हर कहीं व्यक्ति के रूप में मान्यता का अधिकार है।

अनुच्छेद-7. कानून के सम्मुख सभी बराबर हैं और सभी को बिना किसी भेदभाव के कानून के समान संरक्षण का अधिकार है। सभी को इस घोषणापत्र का उल्लंघन कर किये जानेवाले किसी भी भेदभाव के खिलाफ और ऐसे किसी भेदभाव को प्रोत्साहित करने के खिलाफ समान संरक्षण का अधिकार है।

अनुच्छेद-8. कानून या संविधान द्वारा प्रदत्त मौलिक अधिकारों के उल्लंघन पर हरएक को सक्षम राष्ट्रीय न्यायाधिकरण द्वारा प्रभावी उपचार का अधिकार है।

अनुच्छेद-9. किसी को भी निरंकुश ढंग से न गिरफ्तार किया जायेगा, न हिरासत

में लिया जायेगा और न निर्वासित किया जायेगा।

अनुच्छेद-10. प्रत्येक व्यक्ति को अपने अधिकारों और दायित्वों के निर्धारण में और अपने खिलाफ किसी भी प्रकार के आपराधिक आरोप पर एक स्वतंत्र और निष्पक्ष न्यायाधिकरण द्वारा न्यायपूर्ण सार्वजनिक सुनवाई का पूरी तरह समान अधिकार है।

अनुच्छेद-11.1. प्रत्येक व्यक्ति को किसी दंड्य अपराध के आरोप में तब तक निर्दोष माने जाने का अधिकार है, जब तक उस पर ऐसे किसी सार्वजनिक मुकदमे में कानून के तहत अपराध साबित न हो जाये, जिसमें उसे अपने बचाव के लिए सभी आवश्यक गारंटियाँ हों।

अनुच्छेद-11.2. किसी को भी ऐसा कोई कार्य करने या न करने के लिए, जो उस घटना के वक्त राष्ट्रीय या अंतर्राष्ट्रीय विधि के तहत दंड्य नहीं था, किसी दंड्य अपराध का दोषी नहीं माना जायेगा। न ही उस पर, जिस समय वह अपराध हुआ, उस समय लागू जुर्माने से अधिक जुर्माना आरोपित किया जायेगा।

अनुच्छेद-12. किसी भी व्यक्ति की एकान्तता (प्राइवेसी), परिवार, घर या पत्राचार में मनमाना दखल नहीं दिया जायेगा, न ही उसकी प्रतिष्ठा और सम्मान को चोट पहुँचाई जायेगी। ऐसे किसी दखल या आक्रमण के खिलाफ हरएक को कानून का संरक्षण पाने का अधिकार है।

अनुच्छेद-13.1. प्रत्येक व्यक्ति को राज्य की सीमाओं के भीतर निवास करने का और घूमने-फिरने की स्वतंत्रता का अधिकार है।

अनुच्छेद-13.2. प्रत्येक व्यक्ति का अपने देश सहित कोई भी देश छोड़ने और अपने देश लौटने का अधिकार है।

अनुच्छेद-14.1. प्रत्येक व्यक्ति को उत्पीड़न से बचने के लिए दूसरे देशों में शरण चाहने और उसका उपभोग करने का अधिकार है।

अनुच्छेद-14.2. यह अधिकार उन स्थितियों में लागू नहीं होगा, जिनमें वास्तविक रूप से गैर-राजनीतिक अपराधों के कारण संयुक्त राष्ट्र के सिद्धांतों और उद्देश्यों के विपरीत कार्य करने पर मुकदमा कायम किया गया हो।

अनुच्छेद-15.1. प्रत्येक व्यक्ति को राष्ट्र का नागरिक बनने का अधिकार है।

अनुच्छेद-15.2. किसी को भी मनमाने तरीके से न तो उसकी राष्ट्रीयता से वंचित किया जायेगा न ही अपनी राष्ट्रीयता बदलने के अधिकार से वंचित

किया जायेगा।

अनुच्छेद-16.1. पूर्ण उम्र के पुरुषों और स्त्रियों को नस्ल, धर्म या राष्ट्रीयता की किसी सीमा से बाधित हुए बिना विवाह करने और परिवार बसाने का अधिकार है। विवाह से पूर्व, विवाह के दौरान और विवाह विच्छेद के बाद उन्हें समान अधिकार होंगे।

अनुच्छेद-16.2. विवाह दोनों पक्षों की पूर्ण और स्वतंत्र सहमति के आधार पर ही होगा।

अनुच्छेद-16.3. परिवार समाज की प्राकृतिक और बुनियादी समूह इकाई है और उसे समाज तथा राज्य का संरक्षण पाने का अधिकार है।

अनुच्छेद-17.1. हरएक को अकेले तथा अन्यों के साथ निजी संपत्ति रखने का अधिकार है।

अनुच्छेद-17.2. किसी को मनमाने तरीके से उसकी संपत्ति से वंचित नहीं किया जायेगा।

अनुच्छेद-18. हरएक को विचारों, अंतश्चेतना और धर्म की स्वतंत्रता का अधिकार है; इस अधिकार में अपना धर्म और आस्था बदलने की स्वतंत्रता शामिल है और अकेले या अन्यों के साथ सार्वजनिक रूप से या एकांत में अपने धर्म या आस्था को शिक्षा, प्रथा-पूजा और परिपालन में अभिव्यक्त करने की स्वतंत्रता शामिल है।

अनुच्छेद-19. हरएक को अपना मत रखने और उसकी अभिव्यक्ति करने की स्वतंत्रता का अधिकार है। इस अधिकार में बिना दखल के अपना मत रखने तथा किसी भी माध्यम के जरिये और सीमाओं से परे सूचनाएँ और विचार चाहने, ग्रहण करने तथा प्रदान करने का अधिकार शामिल है।

अनुच्छेद-20.1. हरएक को शांतिपूर्वक एकत्रित होने और संघ बनाने का अधिकार है।

अनुच्छेद-20.2. किसी को भी किसी संघ से सम्बद्ध होने के लिए मजबूर नहीं किया जा सकता।

अनुच्छेद-21.1. प्रत्येक व्यक्ति को, प्रत्यक्ष रूप से अथवा स्वतंत्रतापूर्वक चुने गये प्रतिनिधियों के जरिये, अपने देश की सरकार में हिस्सा लेने का अधिकार है।

अनुच्छेद-21.2. हरएक को अपने देश की सार्वजनिक सेवाओं से समान रूप से

लाभान्वित होने का अधिकार है।

अनुच्छेद-21.3. सरकार की शक्ति का आधार जन इच्छा होगी। यह इच्छा समय-समय पर होनेवाले ईमानदार चुनावों में अभिव्यक्त की जायेगी, जो समान और बालिग मताधिकार के आधार पर होंगे तथा गुप्त मतदान या ऐसी ही किसी स्वतंत्र मतदान प्रक्रिया द्वारा कराये जायेंगे।

अनुच्छेद-22. समाज का सदस्य होने के नाते प्रत्येक व्यक्ति को सामाजिक सुरक्षा का अधिकार है। उसे अपने राज्य के संसाधनों और संगठन के अनुसार तथा राष्ट्रीय प्रयास एवं अंतर्राष्ट्रीय सहयोग के जरिये अपनी गरिमा तथा अपने व्यक्तित्व के स्वतंत्र विकास के लिए अनिवार्य आर्थिक, सामाजिक और सांस्कृतिक अधिकारों को साकार करने का अधिकार है।

अनुच्छेद-23.1. प्रत्येक व्यक्ति को काम करने का, रोजगार के स्वतंत्र चुनाव का, काम की उचित और अनुकूल स्थितियों का तथा बेरोजगारी के खिलाफ संरक्षण का अधिकार है।

अनुच्छेद-23.2. प्रत्येक व्यक्ति को बिना किसी भेदभाव के समान काम के लिए समान वेतन पाने का अधिकार है।

अनुच्छेद-23.3. प्रत्येक व्यक्ति को, जो काम करता है, उचित और अनुकूल पारिश्रमिक का अधिकार है, जिससे उसका और उसके परिवार का मानवीय गरिमा के साथ जीवन यापन हो सके और अगर आवश्यकता पड़े, तो इसकी न्यूनता-पूर्ति सामाजिक संरक्षण के अन्य माध्यमों द्वारा हो।

अनुच्छेद-23.4. प्रत्येक व्यक्ति को अपने हितों के संरक्षण के लिए श्रमिक संगठन बनाने और उसमें शामिल होने का अधिकार है।

अनुच्छेद-24. हरएक को कार्य घंटों की उचित सीमा और सवेतन नियतकालीन अवकाश सहित आराम और फुरसत पाने का अधिकार है।

अनुच्छेद-25.1. प्रत्येक व्यक्ति को भोजन, कपड़ा, मकान और चिकित्सा सुविधा तथा आवश्यक सामाजिक सेवाओं सहित स्वयं के और अपने परिवार के स्वास्थ्य तथा कल्याण के लिए पर्याप्त जीवन स्तर का अधिकार है। साथ ही उसे बेरोजगारी, बीमारी, विकलांगता, वैधव्य, बुढ़ापे या उसके नियंत्रण से बाहर की किसी अन्य स्थिति में जीविका में बाधा आने पर सुरक्षा पाने का अधिकार है।

अनुच्छेद-25.2. मातृत्व और शैशवावस्था विशेष देखभाल और सहायता पाने के अधिकारी हैं। सभी बच्चों को, चाहे वे वैध हों या अवैध, एक जैसा सामाजिक संरक्षण दिया जायेगा।

अनुच्छेद-26.1. हरएक को शिक्षा का अधिकार है। कम से कम प्रारंभिक और बुनियादी चरणों में शिक्षा का निःशुल्क होगी। बुनियादी शिक्षा अनिवार्य होगी। तकनीकी और व्यावसायिक शिक्षा सामान्यतः उपलब्ध करायी जायेगी और योग्यता के आधार पर उच्च शिक्षा तक सभी की समान पहुँच होगी।

अनुच्छेद-26.2. शिक्षा का लक्ष्य मानव व्यक्तित्व का पूर्ण विकास और मानव अधिकारों तथा बुनियादी स्वतंत्रताओं के सम्मान को मजबूती देना होगा। यह सभी देशों तथा नस्लीय और धार्मिक समूहों के बीच समझ, सहिष्णुता और मैत्री को बढ़ावा देगी और शांति बरकरार रखने के लिए संयुक्त राष्ट्र संघ की गतिविधियों को आगे बढ़ायेगी।

अनुच्छेद-26.3. माता-पिता को यह चुनने का प्राथमिक अधिकार होगा कि वे अपने बच्चों को किस तरह की शिक्षा दिलाना चाहते हैं।

अनुच्छेद-27.1. हर एक को समुदाय के सांस्कृतिक जीवन में स्वतंत्रता के साथ भाग लेने, कलाओं का आनंद लेने और वैज्ञानिक प्रगति तथा उसके लाभ में हिस्सेदारी करने का अधिकार होगा।

अनुच्छेद-27.2. हरएक को अपने द्वारा सृजित किसी भी वैज्ञानिक, साहित्यिक और कलात्मक उत्पादन से प्राप्त नैतिक और भौतिक हितों के संरक्षण का अधिकार है।

अनुच्छेद-28. प्रत्येक व्यक्ति को ऐसी सामाजिक और अंतर्राष्ट्रीय व्यवस्था का अधिकार है, जिसमें इस घोषणा में अभिव्यक्त अधिकारों और स्वतंत्रताओं को पूरी तरह हासिल किया जा सकता है।

अनुच्छेद-29.1. प्रत्येक व्यक्ति के उस समुदाय के प्रति कर्तव्य हैं, जिसमें उसके व्यक्तित्व का स्वतंत्र और पूर्ण विकास संभव है।

अनुच्छेद-29.2. अपने अधिकारों और स्वतंत्रता के इस्तेमाल में किसी भी व्यक्ति पर कानून द्वारा निर्धारित ऐसी हदें ही लगायी जायेंगी, जिनसे अन्य व्यक्तियों की स्वतंत्रताओं और अधिकारों की उचित मान्यता तथा सम्मान का उद्देश्य पूरा हो और एक लोकतांत्रिक समाज में नैतिकता, जन व्यवस्था और सामान्य कल्याण की उचित आवश्यकताएँ

पूरी हों।

अनुच्छेद-30. इस घोषणा की किसी बात की ऐसी व्याख्या नहीं की जा सकती, जिसका अर्थ यह निकलता हो कि किसी राज्य, समूह या व्यक्ति को इस घोषणा में निहित किसी भी अधिकार या स्वतंत्रता को नष्ट करने के उद्देश्य से किसी गतिविधि में भाग लेने या कोई काम करने का अधिकार है। (10 दिसम्बर, 1948)

आर्थिक, सामाजिक और सांस्कृतिक अधिकार

1.1 सभी लोगों को आत्म-निर्णय का अधिकार है। इस अधिकार के माध्यम से वे स्वतंत्र रूप से अपनी राजनीतिक हैसियत निर्धारित करते हैं और अपना आर्थिक, सामाजिक और सांस्कृतिक विकास सम्पन्न करते हैं।

1.2 सभी लोग अंतर्राष्ट्रीय आर्थिक सहयोग से पैदा किसी बन्धन के पूर्वाग्रह के बगैर पारस्परिक लाभ के सिद्धान्तों और अंतर्राष्ट्रीय विधि पर आधारित अपने ध्येयों के लिए अपनी प्राकृतिक संपत्ति ओर संसाधनों को निष्पादित कर सकते हैं। किसी भी स्थिति में लोगों को जीवन यापन के उनके साधनों से वंचित नहीं किया जा सकता।

7. इस अंतर्राष्ट्रीय प्रसंविदा के पक्षकार राज्य काम की ऐसी उचित और अनुकूल स्थितियों के प्रत्येक आदमी के अधिकार को मान्यता देते हैं, जिनसे निम्नलिखित चीजें खास तौर से सुनिश्चित होती हों-

(क) सभी मजदूरों को दिया जानेवाला पारिश्रमिक न्यूनतम स्तर पर इतना हो कि निम्नलिखित की व्यवस्था कर सके-

(1) किसी तरह के भेदभाव के बिना समान मूल्य के काम के लिए समान और उचित पारिश्रमिक। विशेषकर स्त्रियों की कार्य स्थितियाँ पुरुषों की तुलना में हीन नहीं होंगी और उन्हें पुरुषों के बराबर ही वेतन मिलेगा;

(2) मौजूदा प्रसंविदा के प्रावधानों के अनुरूप उनका और उनके परिवारों का गरिमापूर्ण रहन-सहन;

(ख) सुरक्षित और स्वास्थ्यकर कार्य स्थितियाँ;

(ग) हरएक को अपने रोजगार के दौरान उचित उच्चतर स्तर तक तरक्की का समान अवसर, जिसमें वरिष्ठता और क्षमता के अलावा अन्य किसी चीज पर विचार नहीं किया जायेगा;

(घ) विश्राम, फुरसत और कार्य के घंटों की उचित सीमा और समय-समय पर सवेतन अवकाश, साथ ही सार्वजनिक छुट्टियों के लिए वेतन।

9. इस प्रसंविदा के पक्षकार सभी राज्य हरएक के सामाजिक बीमा सहित सामाजिक सुरक्षा के अधिकार को मान्यता देते हैं।

11.1. इस प्रसंविदा के पक्षकार सभी राज्य प्रत्येक व्यक्ति के पर्याप्त भोजन, वस्त्र और आवास सहित उसके और परिवार के पर्याप्त जीवन स्तर और रहन-सहन की स्थिति में सतत सुधार के अधिकार को मान्यता देते हैं। पक्षकार राज्य इस अधिकार का कार्यान्वयन सुनिश्चित करने के लिए उचित कदम उठायेंगे। वे इस दिशा में स्वतंत्र सहमति पर आधारित अंतर्राष्ट्रीय सहयोग के तात्त्विक महत्त्व को मान्यता देते हैं।

11.2. सभी पक्षकार राज्य, प्रत्येक व्यक्ति के भूख से मुक्त रहने के अधिकार को मान्यता देते हुए, अपने स्तर पर तथा अंतर्राष्ट्रीय सहयोग के जरिये विशिष्ट कार्यक्रमों सहित ऐसे उपाय करेंगे, जिनसे

(क) तकनीकी और वैज्ञानिक ज्ञान का पूरा इस्तेमाल कर, पोषण के सिद्धान्तों का प्रसार कर और कृषि प्रणाली को इस तरह सुधार कर तथा विकसित कर जिससे प्राकृतिक संसाधनों का कुशलतम विकास और उपयोग हो, खाद्यान्न के उत्पादन, संरक्षण और वितरण के तरीकों को उन्नत किया जा सके;

(ख) खाद्य का आयात करनेवाले और उसका निर्यात करने वाले देशों की समस्याओं को समझ कर जरूरत के अनुसार विश्व खाद्य आपूर्ति का न्यायपूर्ण वितरण सुनिश्चित किया जा सके।

12.1. इस प्रसंविदा के पक्षकार राज्य प्रत्येक व्यक्ति के उच्चतम शारीरिक और मानसिक स्वास्थ्य का आनंद लेने के अधिकार को मान्यता देते हैं।

12.2. इस प्रसंविदा के पक्षकार राज्य उपर्युक्त अधिकार को कार्यान्वित करने के लिए जो कदम उठायेंगे, उनमें इनके लिए आवश्यक कदम शामिल होंगे-

(क) मृत्जातों की जन्म दर और शिशु मृत्यु दर में कमी करने तथा बच्चे के स्वस्थ विकास के लिए प्रावधान;

(ख) पर्यावरण और उद्योगों के सभी स्वास्थ्यगत पहलुओं में सुधार;

(घ) ऐसी स्थितियाँ पैदा करना, जिनमें बीमारी के समय सभी को चिकित्सकीय सेवा और देखभाल उपलब्ध हो सके।

13.1 इस प्रसंविदा के पक्षकार सभी राज्य प्रत्येक व्यक्ति के शिक्षा का लक्ष्य मानव व्यक्तित्व और उसके गरिमा बोध का पूर्ण विकास होगा तथा शिक्षा मानव अधिकारों और मौलिक स्वतंत्रताओं के प्रति सम्मान को मजबूत करेगी। वे इस बात से भी सहमत हैं कि शिक्षा एक मुक्त समाज में सभी

लोगों को प्रभावी भागीदार बनाने, सभी देशों और सभी नस्लीय, जातीय और धार्मिक समूहों के बीच समझ, सहनशीलता और मैत्री को बढ़ाने और शांति बनाये रखने की राष्ट्र संघ की गतिविधियों को आगे बढ़ाने में सक्षम बनायेगी।

13.2. इस प्रसंविदा के पक्षकार राज्य इस बात को मान्यता देते हैं कि उपर्युक्त अधिकार को पूर्णत: हासिल करने के लिए:

(क) प्राथमिक शिक्षा अनिवार्य होगी और सभी के लिए नि:शुक्ल उपलब्ध रहेगी;

(ख) तकनीकी और व्यावसायिक शिक्षा सहित विभिन्न स्वरूपों में माध्यमिक शिक्षा प्रत्येक उपयुक्त साधन के द्वारा तथा विशेषकर मुफ्त शिक्षा का दायरा क्रमश: बढ़ाते जाने से आम तौर पर उपलब्ध बनायी जायेगी और उस तक सभी की पहुँच होगी।

(ग) प्रत्येक उपयुक्त साधन के द्वारा तथा विशेषकर मुफ्त शिक्षा का दायरा क्रमश: बढ़ाते जाने से उच्चतर शिक्षा तक, सामर्थ्य के आधार पर, सभी की समान पहुँच होगी।

(घ) जो लोग प्राथमिक शिक्षा प्राप्त नहीं कर पाये या उसकी पूर्ण अवधि पूरी नहीं कर सके हैं, उनके लिए जहाँ तक संभव होगा बुनियादी शिक्षा को प्रोत्साहित किया जायेगा और गहन किया जायेगा।

15.1. इस प्रसंविदा के पक्षकार राज्य हरएक के निम्नलिखित अधिकार को मान्यता देते हैं-

(क) सांस्कृतिक जीवन में हिस्सा लेना।

(ख) वैज्ञानिक प्रगति और उसके प्रयोगों का लाभ उठाना।

(ग) अपने द्वारा सृजित किसी भी वैज्ञानिक, साहित्यिक या कलात्मक से उत्पन्न नैतिक और भौतिक हितों के संरक्षण से लाभान्वित होना।

(*16 दिसम्बर, 1966*)

नागरिक और राजनीतिक अधिकार

6.1 प्रत्येक मानव प्राणी को जीवन का नैसर्गिक अधिकार है। इस अधिकार की रक्षा कानून के जरिये की जायेगी। निरंकुश तरीके से किसी का भी जीवन नहीं लिया जायेगा।

6.2 जिन देशों ने मृत्यु दंड समाप्त नहीं किया है, वहाँ अपराध के समय लागू कानून के अनुसार गंभीरतम अपराधों के लिए ही मौत की सजा दी जा

सकती है। लेकिन यह मौजूदा प्रसंविदा और जातिहत्या के अपराध की रोकथाम और दंड पर हुए सम्मेलन के प्रावधानों के विपरीत होना चाहिए। मृत्युदंड की सजा सक्षम न्यायालय द्वारा दिये गये अंतिम निर्णय के परिपालन में ही दी जा सकती है।

6.5. 18 वर्ष से कम उम्र के बच्चों द्वारा किये गये अपराधों पर मौत की सजा नहीं दी जायेगी और न ही गर्भवती स्त्रियों पर यह सजा कार्यान्वित की जायेगी।

7. किसी को भी यंत्रणा नहीं दी जायेगी, न उसके साथ क्रूर, अमानवीय या मानव गरिमा को नष्ट करनेवाला व्यवहार किया जायेगा और न ऐसी सजा दी जायेगी। खास तौर से किसी पर भी, उसकी स्वतंत्र सहमति के बगैर, चिकित्सकीय या वैज्ञानिक परीक्षण नहीं किये जायेंगे।

8.3. किसी को भी बलात या अनिवार्य श्रम के लिए मजबूर नहीं किया जायेगा।

10.1. स्वतंत्रता से वंचित किये गये सभी व्यक्तियों के साथ गरिमापूर्ण व्यवहार किया जायेगा।

10.2. (क) आपवादिक परिस्थितियों को छोड़ कर सभी आरोपी व्यक्तियों को दोष-सिद्ध व्यक्तियों की हैसियत के अनुकूल अलग व्यवहार किया जायेगा।

(ख) आरोपी बच्चों को वयस्कों से अलग रखा जायेगा और उनके मामलों पर शीघ्रातिशीघ्र निर्णय कराया जायेगा।

10.3. कैदियों के साथ सलूक प्रायश्चित प्रणाली के अनुरूप किया जायेगा, जिसका तात्त्विक लक्ष्य अनका सुधार और सामाजिक पुनर्वास होगा। बाल अपराधियों को वयस्कों से अलग रखा जायेगा और उनसे उनकी उम्र और कानूनी स्तर के अनुसार व्यवहार किया जायेगा।

11. किसी अनुबन्ध से नि:सृत कर्तव्य पूरा न कर पाने के आधार पर किसी को जेल नहीं भेजा जायेगा।

12.1. प्रत्येक व्यक्ति को अपने राज्य की भौगोलिक सीमा के भीतर वैध रूप से घूमने-फिरने और अपना निवास चुनने का अधिकार है।

14.2. प्रत्येक व्यक्ति को, जिस पर अपराध का आरोप लगाया गया है, तब तक निर्दोष माने जाने का अधिकार होगा, जब तक वह कानून के अनुसार साबित न हो जाये।

18.1. प्रत्येक व्यक्ति को विचार, अन्तश्चेतना और धर्म की स्वतंत्रता का

अधिकार होगा। इस अधिकार में उसे अपनी पसंद का धर्म या आस्था रखने या अपनाने की स्वतंत्रता तथा अकेले या अन्यों के साथ सामुदायिक रूप से और सार्वजनिक रूप से या एकान्त में अपनी पूजा, परिपालन, प्रथा ओर शिक्षा में अभिव्यक्त करने की स्वतंत्रता शामिल है।

18.2. किसी भी व्यक्ति के साथ ऐसा बल प्रयोग नहीं किया जायेगा, जिससे अपनी पसंद का धर्म या आस्था रखने या अपनाने की उसकी स्वतंत्रता बाधित होती हो।

18.3. किसी के धर्म या आस्था की अभिव्यक्ति पर विधि द्वारा निर्धारित सिर्फ ऐसी सीमाएँ लगायी जा सकती हैं, जो सार्वजनिक सुरक्षा, व्यवस्था, स्वास्थ्य अथवा नैतिकता अथवा अन्य व्यक्तियों की मौलिक या स्वतंत्रताओं की सुरक्षा के लिए आवश्यक हैं।

18.4. इस प्रसंविदा के पक्षकार राज्य माता-पिता या कानूनी अभिभावकों की इस स्वतंत्रता का सम्मान करने का दायित्व स्वीकार करते हैं कि वे उपने विश्वासों के अनुसार अपने बच्चों को धार्मिक और नैतिक शिक्षा दे सकें।

19.1. हरएक को बिना दखल के अपना मत रखने का अधिकार होगा।

19.2. हरएक को अभिव्यक्ति की स्वतंत्रता का अधिकार होगा। इस अधिकार में भौगोलिक सीमाओं से परे, मौखिक, लिखित या मुद्रित या कला के किसी भी रूप में अथवा अपनी पसंद के अन्य किसी माध्यम के जरिये सभी तरह की सूचनाओं और विचारों को चाहने, प्राप्त करने या प्रदत्त करने का अधिकार शामिल होगा।

20.1. युद्ध के पक्ष में किसी भी तरह का प्रचार कानून के जरिये प्रतिबंधित होगा।

20.2. राष्ट्रीय, नस्लीय या धार्मिक घृणा की कोई भी वकालत, जिसके द्वारा भेदभाव, प्रतिपक्षिता या हिंसा उकसायी जाती है, कानून के जरिये प्रतिबंधित होगी।

21. शांतिपूर्वक सभा करने के अधिकार को मान्यता दी जायेगी। इस अधिकार के इस्तेमाल पर कोई प्रतिबंध नहीं लगाया जा सकता, सिवाय उनके जो कानून से मेल खाते हों या जो किसी लोकतांत्रिक समाज में राष्ट्रीय सुरक्षा या जन सुरक्षा, लोक व्यवस्था, जन स्वास्थ्य, नैतिकता अथवा अन्य व्यक्तियों के अधिकारों तथा स्वतंत्रताओं के हित में आवश्यक हों।

24.1. प्रत्येक शिशु को नस्ल, रंग, लिंग, भाषा, धर्म, राष्ट्रीय या सामाजिक मूल,

संपत्ति या जन्म, पर आधारित किसी तरह के भेदभाव के बिना अपने परिवार, समाज और राज्य से संरक्षण के ऐसे साधन प्राप्त करने का अधिकार होगा, जो उसकी नाबालिग हैसियत के अनुसार आवश्यक हैं।

24.2. प्रत्येक शिशु का जन्म के तुरंत बाद पंजीकरण होगा और उसका नाम होगा।

24.3. प्रत्येक शिशु को राष्ट्रीयता पाने का अधिकार होगा।

27. उन राज्यों में, जहाँ जातीय, धार्मिक या भाषाई अल्पसंख्यक हैं, इन अल्पसंख्यक समूहों के व्यक्तियों को अपने समूह के अन्य सदस्यों के साथ सामुदायिक रूप से अपनी संस्कृति का आनंद उठाने, अपने धर्म का पालन और अपनी भाषा का इस्तेमाल करने से से वंचित नहीं किया जायेगा।

(16 दिसम्बर, 1966)

नस्लीय भेदभाव के विरुद्ध

7.2. यदि कोई व्यक्ति अपने मौलिक अधिकारों और स्वतंत्रताओं के संदर्भ में नस्ल, रंग या जातीय मूल के आधार पर किसी ीी तरह के भेदभाव का शिकार होता है, तो उसे स्वतंत्र राष्ट्रीय न्यायाधिकरण, जो ऐसे मामलों के निपटारे में सक्षम हो, के जरिये प्रभावी उपचार और संरक्षणका अधिकार होगा।

9.1. किसी खास नस्ल अथवा जातीय मूल या रंग के व्यक्तियों के समूह की श्रेष्ठता प्रतिपादित करनेवाले विचारों और संगठनों की कठोर भर्त्सना होगी।

9.2. किसी भी नस्ल या अन्य जातीय मूल या रंग के व्यक्तियों के समूह के खिलाफ हिंसा या उसके लिए उकसावा, चाहे वह व्यक्तियों द्वारा हो या संगठनों द्वारा, समाज के खिलाफ अपराध माना जायेगा और कानून के तहत दंडनीय होगा। *(20 नवम्बर, 1963)*

स्त्रियों के साथ भेदभाव के विरुद्ध

: एक :

1. स्त्रियों के साथ भेदभाव उन्हें पुरुषों के समान अधिकार देने से इनकार करना या इसकी सीमा निश्चित करना है। अत: यह बुनियादी रूप से अन्यायपूर्ण और मानव गरिमा के खिलाफ अपराध है।

2.1. स्त्रियों के खिलाफ प्रचलित कानूनों, रिवाजों, नियमों ओर व्यवहारों को समाप्त करने के लिए सभी उचित कदम उठाये जायेंगे तथा स्त्रियों और पुरुषों के समानता के अधिकार को पर्याप्त कानूनी संरक्षण दिया जायेगा।

3. महिलाओं को हीन मानने के विचार पर आधारित सभी तरह की प्रथाओं और प्रचलनों को मिटाने ओर पूर्वग्रहों को समाप्त करने की दिशा में जनमत को शिक्षित करने के लिए तथा राष्ट्रीय भावनाओं को इस दिशा में मोड़ने के लिए सभी उचित उपाय किये जायेंगे।

5. स्त्रियों को पुरुषों की तरह ही राष्ट्रीयता प्राप्त करने, बदलने या बरकरार रखने का अधिकार होगा। किसी विदेशी से विवाह करने पर पत्नी की राष्ट्रीयता पर अपने आप कोई प्रभाव नहीं होगा, न वह राज्यविहीन होगी और न ही उस पर अपने पति की राष्ट्रीयता आरोपित की जायेगी।

6.2. पति ओर पत्नी की समानता के सिद्धान्त को सुनिश्चित करने के लिए सभी उचित कदम उठाये जायेंगे और खास तौर से-

(क) महिलाओं को अपना जीवन साथी चुनने और अपनी पूर्ण तथा स्वतंत्र सहमति से ही विवाह करने की पुरुषों जैसी ही स्वाधीनता का अधिकार होगा।

(ख) विवाह के दौरान और विवाह विच्छेद के समय स्त्रियों के अधिकार पुरुषों की तरह ही होंगे। सभी मामलों में बच्चों का हित सर्वोच्च होगा।

(ग) बच्चों के मामलों में माता-पिता के अधिकार और कर्त्तव्य बराबर होंगे। सभी मामलों में बच्चों का हित सर्वोपरि होगा।

8. स्त्रियों की खरीद-बिक्री के सभी रूपों तथा स्त्रियों की वेश्यावृति को रोकने के लिए कानून बनाने सहित सभी उचित उपाय किये जायेंगे।

(7 नवम्बर, 1967)

: दो :

5.1. बच्चे के माता-पिता अथवा कानूनी अभिभावकों को अपने धर्म या आस्था के अनुसार तथा उस नैतिक शिक्षा को ध्यान में रखते हुए जिसे वे बच्चे के लिए जरूरी समझते हैं, परिवार के भीतर जीवन को संगठित करने का अधिकार है;

5.2. प्रत्येक बच्चे को अपने माता-पिता या कानूनी अभिभावकों की इच्छा के अनुसार धर्म या आस्था के मामले में शिक्षा ग्रहण करने का अधिकार होगा और उसे अपने माँ-बाप या कानूनी अभिभावकों की इच्छा के खिलाफ धार्मिक शिक्षा प्राप्त करने के लिए मजबूर नहीं किया जायेगा। इस मामले में बच्चे के सर्वोच्च हित ही मार्ग दर्शक सिद्धान्त का काम करेंगे;

5.3. धर्म या आस्था के आधार पर किसी भी तरह के भेदभाव से बच्चे को

बचाया जायेगा। उसका पालन-पोषण समझ, सहिष्णुता, राष्ट्रीय समूहों के बीच मित्रता, शांति और सार्वभौम भाईचारा, अन्य लोगों की आस्था या धार्मिक स्वतंत्रता के सम्मान की भावना से और इस पूर्ण बोध के साथ किया जायेगा कि उसकी ऊर्जा और क्षमताएँ उसके साथी मनुष्यों की सेवा में लगनी चाहिए;

5.4. जो बच्चा अपने माता-पिता या कानूनी अभिभावकों की देखभाल में नही है, उसके धर्म या उसकी आस्था के मामले में उनके द्वारा अभिव्यक्त इच्छा या उनकी इच्छा के अन्य किसी सबूत पर उचित ध्यान दिया जायेगा-बच्चे के सर्वोच्च हित ही इस मामले में मार्गदर्शक सिद्धान्त का काम करेंगे;

5.5. धर्म या आस्था के वे आचरण, जिनके तहत बच्चे का पालन-पोषण होता है, उसके शारीरिक या मानसिक स्वास्थ्य या उसके पूर्ण विकास के लिए क्षतिकर नहीं होने चाहिए। *(25 नवम्बर, 1981)*

जाति संहार के विरुद्ध

1. इस अनुबन्ध को स्वीकार करनेवाले सभी पक्ष इस बात की पुष्टि करते हैं कि जाति संहार अंतर्राष्ट्रीय कानून के तहत एक अपराध है, भले ही वह शांति के समय किया गया हो या युद्ध के दौरान और वे इसे रोकने ओर दंडित करने का दायित्व स्वीकार करते हैं।
2. मौजूदा सम्मेलन में जाति संहार का अर्थ किसी राष्ट्रीय, जातीय, नस्लीय या धार्मिक समुदाय को पूरी तरह या आंशिक रूप से नष्ट करने के इरादे से किया गया कोई भी निम्नलिखित कार्य है-

(क) उस समुदाय के सदस्यों की हत्या;
(ख) उस समुदाय के सदस्यों को गंभीर शरीरिक या मानसिक क्षति पहुँचाना;
(ग) उस समुदाय पर ऐसी जीवन स्थितियाँ आरोपित करना; जिनके लक्ष्य इस समुदाय को, पूर्णतः या आंशिक रूप से, शारीरिक रूप से नष्ट करना है;
(घ) उस समुदाय में जन्म रोकने के इरादे से थोपे गये उपाय;
(ङ) एक समूह के बच्चों को जबरन दूसरे समुदाय में स्थानांतरित करना।

(9 दिसम्बर, 1948)

विवाहित स्त्रियों की राष्ट्रीयता

1. इस अनुबन्ध को स्वीकार करनेवाले सभी राज्य इस बात से सहमत हैं कि उनके किसी नागरिक के किसी विदेशी से विवाह करने या विवाह विच्छेद करने या विवाह के दौरान पति द्वारा अपनी राष्ट्रीयता बदलने पर पत्नी की

राष्ट्रीयता अपने आप प्रभावित नहीं होगी। (*29 जनवरी, 1957*)

अल्पसंख्यकों के अधिकार

1.1. सभी राज्य अपने-अपने क्षेत्र में अल्पसंख्यकों के अस्तित्व तथा उनकी राष्ट्रीय या जातीय, सांस्कृतिक, धार्मिक और भाषाई पहचान की रक्षा करेंगे और उनकी इस पहचान को बढ़ावा देने के लिए उचित स्थितियों को प्रोत्साहित करेंगे।

1.2. सभी राज्य इन उद्देश्यों को प्राप्त करने के लिए कानून बनाने के साथ-साथ अन्य उपयुक्त कदम उठायेंगे।

2.1. राष्ट्रीय या जातीय, धार्मिक और भाषाई अल्पसंख्यकों, समूहों के सदस्यों को स्वतंत्रतापूर्वक तथा बिना किसी हस्तक्षेप या भेदभाव के अपनी संस्कृति का आनंद लेने का, अपने धर्म को मानने और उस पर चलने का तथा निजी स्तर पर या सार्वजनिक रूप से अपनी भाषा का इस्तेमाल करने का अधिकार है;

2.2. अल्पसंख्यक समूहों के व्यक्तियों को सांस्कृतिक, धार्मिक, सामाजिक, आर्थिक और सार्वजनिक जीवन में प्रभावशाली ढंग से भाग लेने का अधिकार है;

2.3. अल्पसंख्यक समूहों के व्यक्तियों को राष्ट्रीय स्तर पर और जहाँ उचित है, क्षेत्रीय स्तर पर जिस अल्पसंख्यक समूह के वे सदस्य हैं, उससे सम्बन्धित निर्णय में प्रभावशाली ढंग से भाग लेने का अधिकार है- इस तरीके से कि राष्ट्रीय कानूनों से उसकी संगति हो;

2.4. अल्पसंख्यक समूहों के सदस्यों को अपने संगठन स्थापित करने और बनाये रखने का अधिकार है;

2.5. अल्पसंख्यक समूहों के व्यक्तियों को बिना किसी भेदभाव के अपने समूह के अन्य सदस्यों के साथ, अन्य अल्पसंख्यक समूहों के व्यक्तियों के साथ तथा अन्य देशों के उन नागरिकों के साथ, जिनके साथ वे राष्ट्रीय या जातीय, धार्मिक या भाषाई सम्बन्धों से जुड़े हुए हैं, स्वतंत्र तथा शांतिपूर्ण सम्पर्क स्थापित करने और बनाये रखने का अधिकार है। (*ड्राफ्ट; अन्तर्राष्ट्रीय मानव अधिकार आयोग द्वारा 21 फरवरी 1992 को अनुमोदित*)

विदेशियों और शरणार्थियों के अधिकार

44.1. संयुक्त राष्ट्र हाई कमिश्नर फॉर रिफ्यूजीज, महासभा की सत्ता के अधीन काम करते हुए, उन शरणार्थियों को, जो मौजूदा कानून की सीमा में आते

हैं, संयुक्त राष्ट्र संघ के तत्त्वावधान में अंतर्राष्ट्रीय संरक्षण देने और सरकारों को तथा सम्बद्ध सरकारों के अनुमोदन से निजी संगठनों की सहायता कर इन शरणार्थियों की स्वैच्छिक देश वापसी अथवा नये राष्ट्रीय समुदायों में उनके विलय को सुविधाजनक बना कर शरणार्थियों की समस्या का स्थायी समाधान खोजने का कार्य करेगा।

1. मानव अधिकारों की विश्व घोषणा का हवाला देने के अधिकारी व्यक्तियों को तथा ऐसे व्यक्तियों को, जो उपनिवेशवाद से संघर्ष कर रहें हैं, किसी भी राज्य द्वारा अपनी प्रभुसत्ता के प्रयोग द्वारा दिये गये शरण का अन्य सभी राज्य आदर करेंगे।

3.1. अनुच्छेद 1.1 में उल्लिखित किसी भी व्यक्ति को ऐसे उपायों का शिकार नहीं बनाया जायेगा, जैसे सीमा पर रोक देना या यदि वह उस क्षेत्र में प्रवेश कर चुका है जहाँ वह शरण चाहता है, तो उसे किसी राज्य में बहिष्कृत या अनिवार्यत: वापस नहीं किया जायेगा, जहाँ उसका उत्पीड़न होने की सम्भावना है;

3.2. उपर्युक्त सिद्धान्त का अपवाद तभी होगा जब राष्ट्रीय सुरक्षा के हित में अथवा जनसंख्या की सुरक्षा के लिए, जैसे व्यक्तियों की सामूहिक आवक के मामले में, यह आवश्यक हो।

4. विदेशी जिस राज्य में रहते हैं या मौजूद हैं, वहाँ के कानूनों का आदर तथा वहाँ के लोगों की प्रथाओं और पंरपराओं का सम्मान करेंगे।

5. विदेशी, स्थानीय कानून के अनुसार और जिस राज्य में वे उपस्थित हैं, उसके प्रासंगिक अन्तर्राष्ट्रीय दायित्वों की सीमा में, विशेषत: इन अधिकारों का उपयोग करेंगे:

(क) जीवन और व्यक्तिगत सुरक्षा का अधिकार - किसी भी विदेशी की मनमानी गिरफ्तारी नहीं की जायेगी न उसे मनमाने ढंग से हिरासत में लिया जायेगा तथा किसी भी विदेशी को कानून द्वारा स्थापित आधारों और प्रक्रियाओं के बगैर उसकी स्वतंत्रता से वंचित नहीं किया जायेगा;

(ख) निजता, परिवार, घर या पत्राचार में मनमानी या अनुचित दखल से संरक्षण का अधिकार;

(ग) अदालतों, पंचाधिकरणों तथा न्याय का प्रशासन करनेवाले अन्य सभी संगठनों और प्राधिकरणों के समक्ष समानता का और, जब आवश्यक हो, आपराधिक कार्यवाहियों में तथा जब कानून द्वारा निर्दिष्ट हो, अन्य कार्यवाहियों

में दुभाषिये की मुफ्त मदद का अधिकार;

(घ) अपना जीवन साथी चुनने, विवाह करने तथा परिवार स्थापित करने का अधिकार;

(ङ) *विचार, मत, अंतश्चेतना और धर्म की स्वतंत्रता का अधिकार* – अपने धर्म या विश्वासों को अभिव्यक्त करने के अधिकार पर वही सीमाएँ आरोपित की जायेंगी, जो कानून द्वारा निर्दिष्ट हैं तथा सार्वजनिक सुरक्षा, व्यवस्था, स्वास्थ्य या नैतिकता या दूसरों के मूल अधिकारों और स्वतंत्रताओं की रक्षा करने के लिए जरूरी हैं;

(च) अपनी भाषा, संस्कृति और परम्परा को बनाये रखने का अधिकार;

(छ) अपनी कमाई, बचत अथवा निजी मौद्रिक सम्पत्तियों को, स्थानीय मुद्रा विनियमों की सीमा में, देश से बाहर भेजने का अधिकार।

6. किसी भी विदेशी को यंत्रणा नहीं दी जायेगी न उसके साथ क्रूर, अमानवीय या मानव गरिमा को नष्ट करनेवाला व्यवहार किया जायेगा, न ऐसी सजा दी जायेगी और विशेषत: किसी भी विदेशी के साथ, उसकी स्वतंत्र सहमति के बगैर, चिकित्सकीय या वैज्ञानिक परीक्षण नहीं किया जायेगा।

9. किसी भी विदेशी को उसकी जायज रूप से अर्जित सम्पत्ति से मनमाने ढंग से वंचित नहीं किया जायेगा। (*13 दिसम्बर, 1985*)

रोजगार की नीति

1.1. आर्थिक वृद्धि और विकास को अनुप्रेरित करने, रहन-सहन कर स्तर बढ़ाने, श्रम शक्ति की जरूरतें पूरी करने और बेरोजगारी तथा अर्ध-रोजगारी खत्म करने की दृष्टि से प्रत्येक सदस्य (राज्य) एक मुख्य लक्ष्य के रूप में ऐसी सक्रिय नीति घोषित ओर क्रियान्वित करेगा, जिससे पूर्ण, उत्पादक और स्वतंत्र रूप से चुने गये रोजगार को बढ़ावा मिले।

1.2. इस नीति का उद्देश्य यह सुनिश्चित करना होगा कि-

(क) उन सभी के लिए कार्य उपलब्ध है, जो उसके लिए उपलब्ध हैं और उसकी तलाश में हैं,

(ख) जहाँ तक संभव होगा, ऐसा काम उत्पादक हो,

(ग) नस्ल, रंग, लिंग, धर्म, राजनीतिक मत अथवा राष्ट्रीय या सामाजिक मूल पर विचार किये बिना प्रत्येक श्रमिक जिस रोजगार के लिए उपयुक्त है, उसके लिए योग्यता प्राप्त करने और उस काम में अपनी निपुणता तथा प्रतिभा का इस्तेमाल करने का उसे पूर्ण संभव अवसर तथा रोजगार चुनने की

स्वतंत्रता हो।

1.3. इस नीति में आर्थिक विकास के चरण तथा रोजगार उद्देश्यों तथा अन्य आर्थिक और सामाजिक उद्देश्यों के बीच आपसी रिश्तों का उचित ध्यान रखा जायेगा और राष्ट्रीय परिस्थितियों और आचरणों के अनुकूल उपाय अपनाये जायेंगे। *(9 जुलाई, 1964)*

बच्चों के अधिकार

4. प्रत्येक बच्चे को सामाजिक सुरक्षा के लाभ मिलेंगे। उसे स्वस्थ रूप से विकसित होने ओर बड़े होने का अधिकार होगा। स्वास्थ्य के मामले में उसे और उसकी माँ को प्रसव-पूर्व और प्रसव बाद की पर्याप्त देखभाल सहित विशेष देखभाल और संरक्षण उपलब्ध कराये जायेंगे। प्रत्येक बच्चे को पर्याप्त पोषण, आवास, मनोरंजन और चिकित्सा सेवाओं का अधिकार होगा।
5. शारीरिक, मानसिक या सामाजिक रूप से विकलांग बच्चे को उसकी अवस्था विशेष की जरूरत के अनुसार विशेष उपचार, शिक्षा और देखभाल उपलब्ध कराये जायेंगे।
6. प्रत्यके बच्चे को अपने व्यक्तित्व के सम्पूर्ण एवं सामंजस्यपूर्ण विकास के लिए प्रेम और समझ की आवश्यकता होती है। जहाँ भी संभव है, वह अपने माता-पिता की देखभाल और जिम्मेदारी की छत्रछाया में विकसित होगा और हर हालत में उसे स्नेह तथा नैतिक और भौतिक सुरक्षा का वातावरण उपलब्ध कराया जायेगा। अपवादस्वरूप परिस्थितियों को छोड़कर बाल्यावस्था में उसे अपनी माँ से अलग नहीं किया जायेगा। बिना परिवार के बच्चों ओर जिनके पास जीव यापन के पर्याप्त साधन नहीं है, उन्हें विशेष देखभाल उपलब्ध कराने की जिम्मेदारी समाज और लोक अधिकारियों की होगी।
7. प्रत्येक बच्चा, कम से कम प्रारंभिक अवस्था में, शिक्षा पाने का अधिकारी होगा। यह शिक्षा नि:शुल्क और अनिवार्य होगी। उसे ऐसी शिक्षा प्रदान की जायेगी, जिससे उसकी सामान्य संस्कृति को प्रोत्साहन मिले और जो उसमें समान अवसरों के आधार पर अपनी योग्यताएँ, निजी निर्णय क्षमता तथा नैतिक और सामाजिक जिम्मेदारी का भाव विकसित करे एवं उसे समाज का एक उपयोगी सदस्य बनने की सामर्थ्य प्रदान करे।

बच्चे के सर्वोच्च हित उनके मार्गदर्शक सिद्धान्त होंगे जो उसकी शिक्षा और मार्गदर्शन के लिए उत्तरदायी हैं। इस दिशा में पहला दायित्व उसके माता-पिता का है।

बच्चें को खेल और मनोरंजन के पूर्ण अवसर उपलब्ध रहेंगे, जिनके उद्देश्य शिक्षा के उद्देश्यों की तरह ही होंगे। समाज और लोक अधिकारी इस उपयोग के प्रोत्साहन के लिए विशेष प्रयास करेंगे।

8. सभी परिस्थितियों में राहत और संरक्षण सबसे पहले बच्चे को ही दिया जायेगा।

9. प्रत्येक बच्चे को उपेक्षा, क्रूरता और शोषण के सभी रूपों से संरक्षण मिलेगा। किसी भी रूप में उसे व्यापार की वस्तु नहीं बनाया जायेगा। उचित न्यूनतम आयु से पूर्व किसी भी बच्चे को रोजगार में नहीं लगाया जायेगा। किसी भी हालत में उसे ऐसे किसी रोजगार या धंधे में नही लगाया जायेगा जो उसकी शिक्षा या स्वास्थ्य के हानिकारक हो या उसके शारीरिक, मानसिक या नैतिक विकास में बाधक हो। (*20 नवम्बर, 1959*)

युवाओं के मूल्य

1. सभी देशों और सभी मानव प्राणियों के लिए समान अधिकार, आर्थिक तथा सामाजिक प्रगति, निःशस्त्रीकरण तथा अंतर्राष्ट्रीय शांति ओर सुरक्षा बनाये रखने को बढ़ावा देने के लिय युवाओं का पालन-पोषण, शांति, न्यास, स्वतंत्रता, पारस्परिक आदर और समझदारी की भावना से किया जायेगा।

(*7 दिसम्बर, 1985*)

सामाजिक विकास के लिए

7. राष्ट्रीय आय और संपत्ति का तीव्र विस्तार तथा समाज के सभी सदस्यों के बीच उनका न्यायपूर्ण वितरण समूची समाजिक प्रगति का मूल है और इसलिए यह प्रत्येक राज्य और सरकार की पहली प्राथमिकता होनी चाहिए।

10. सामाजिक प्रगति और विकास का लक्ष्य समाज के सभी सदस्यों के जीवन के भौतिक और आध्यात्मिक स्तर का सतत उत्थान होगा, जिसमें निम्नलिखित मुख्य उद्दश्यों की प्राप्ति के जरिये मानव अधिकारों और बुनियादी स्वतंत्रताओं के प्रति सम्मान तथा उनके साथ संगति निहित है-

(क) सभी स्तरों पर काम के अधिकार और श्रमिक संगठन और कर्मचारी संघ बनाने और सामूहिक सौदेबाजी करने के अधिकार का आश्वासन, पूर्ण उत्पादक रोजगार को प्रोत्साहन तथा बेरोजगारी और अर्ध-बेरोजगारी की समाप्ति, स्वास्थ्य और सुरक्षा स्थितियों में सुधार सहित सभी के लिए कार्य की न्यायपूर्ण और अनुकूल स्थितियाँ स्थापित करना, बिना भेदभाव के श्रम के उचित पुरस्कार के आश्वासन के साथ-साथ बेहतर जीवन स्तर की

सुनिश्चितता के लिए पर्याप्त न्यूनतम मजदूरी और उपभोक्ताओं का संरक्षण;

(ख) भूख और कुपोषण की समाप्ति तथा उचित पोषण के अधिकार की गारंटी;

(ग) गरीबी का उन्मूलन, रहन-सहन स्तर में सतत सुधार का आश्वासन और आय का उचित तथा न्यायपूर्ण वितरण।

(घ) सम्भव हो, तो बिना किसी शुल्क के संपूर्ण आबादी के लिए स्वास्थ्य के उच्चतम स्तरों की प्राप्ति और स्वास्थ्य संरक्षण का प्रावधान;

(ङ) निरक्षरता का उन्मूलन और संस्कृति तक सभी की पहुँच। प्राथमिक स्तर पर निःशुल्क तथा अनिवार्य शिक्षा और सभी स्तरों पर निःशुल्क शिक्षा के अधिकार का आश्वासन;

(च) सभी के लिए विशेषकर निम्न आय वर्ग के लोगों और बड़े परिवारों के लिए पर्याप्त आवास और सामुदायिक सेवाओं का प्रावधान।

19. (क) पूरी आबादी के लिए निःशुल्क स्वास्थ्य सेवाओं और जिन तक सभी की पहुँच हो सके, ऐसी रोग निरोधक तथा उपचारात्मक सुविधाओं एवं कल्याण चिकित्सा सेवाओं का पर्याप्त प्रावधान। (*11 दिसम्बर, 1969*)

संस्कृति का अधिकार

1.1. प्रत्येक संस्कृति मूल्यवान और गरिमामय है। उसका आदर और संरक्षण किया जाना चाहिए।

1.2. अपनी संस्कृति का विकास करना प्रत्येक व्यक्ति का अधिकार और कर्तव्य है।

1.3. अपनी समृद्ध विभिन्नताओं और विविधताओं में और एक-दूसरों पर उनके पारस्परिक प्रभाव की दृष्टि से सभी संस्कृतियाँ समूची मानव जाति की साझा विरासत हैं।

2. जहाँ तक संभव होगा, सभी देश संस्कृति की विभिन्न शाखाओं के साथ-साथ विकास की कोशिश करेंगे, जिससे तकनीकी प्रगति और मानव जाति के बौद्धिक और नैतिक विकास के बीच सामंजस्यपूर्ण संतुलन स्थापित हो।

4. सांस्कृतिक सहयोग सभी देशों और सभी लोगों का दायित्व और अधिकार है। उन्हें एक-दूसरे के ज्ञान और निपुणताओं में भागीदारी करनी चाहिए।

(*4 नवम्बर 1966*)

इस विश्व घोषणा पत्र के सभी अनुच्छेद/ परिच्छेद मानव के बुनियादी अधिकारों की पैरवी करते हैं लेकिन वास्तव में क्या दुनिया के सभी देशों में

(जिनमें हमारा देश भी सम्मिलित है) इन अधिकारों की रक्षा ईमानदारी से हो रही है? इस प्रश्न का उत्तर निराशाजनक है। इस के कई कारणों में से एक कारण जागरूकता की कभी भी है। अशिक्षा के कारण और मानव-अधिकारों की विधिवत् जानकारी के अभाव में अभी मनुष्य समाज इतना शक्ति सम्पन्न नहीं हो सका है कि वह कोई सक्रिय पहल कर सके या अन्याय और विषमता के विरुद्ध प्रतिरोध कर सके।

हमें यह नहीं भूलना चाहिए कि 'मनुष्य समाज का आद्य रूप है'। प्रत्येक देश का नागरिक जब तक शिक्षित नहीं होगा, तब तक वह जीवन-लक्ष्यों की संप्राप्ति और समाज तथा राष्ट्रहित से दूर रह जाएगा। जैसा कि नवमानववादी (अथवा मौलिक मानववादी) सिद्धान्त-सूत्रों में से पहले ही सूत्र में **एम.एन. राय** ने कहा है-

"मनुष्य समाज का आद्य रूप है। सहकारी सामाजिक सम्बन्ध व्यक्ति की सम्भावनाओं के विकास में सहयोगी होते हैं। लेकिन सामाजिक प्रगति का प्रतिमान व्यक्ति का विकास ही है। सामूहिकता व्यक्तियों के अस्तित्व को पूर्वमान्य करती है। व्यक्तियों-द्वारा भोग्य स्वतंत्रता ओर प्रगति कभी न पाए जा सकने वाले काल्पनिक आदर्श हैं। वास्तविक कल्याण व्यक्तियों द्वारा भोग्य है। मानव-समुदाय के किसी भी रूप (राष्ट्र-वर्ग आदि) पर सामूहिक अहं का आरोपण अनुचित है क्योंकि ऐसे आचरण का अर्थ व्यक्ति की बलि देना है। सामूहिक कल्याण व्यक्तियों के कल्याण का ही फलन है।"

(देखें- *नव मानववाद, 1998, पृष्ठ-55*)

निस्सन्देह परस्पर सहयोग के बिना ऐसी घोषणाएँ सफलीभूत नहीं हो सकतीं। जब तक हम अपने हृदय में अपने दूसरे साथियों के प्रति करुणा, मानवीयता, विनम्रता नहीं रखेंगे, तब तक उनके अधिकारों का अपहरण हमारे-द्वारा भी जाने-अनजाने होता रहेगा। प्रतिद्वन्द्विता और संघर्ष के इस कठिन समय में यही एक उम्मीद बची है कि हम विवेक ओर मानवीयता का रोपण अपने-अपने भीतर करें, तभी दूसरों की स्वतंत्रता और अस्मिता का सम्मान कर सकेंगे।

4

राष्ट्रीय मानव अधिकार आयोग : वचन के पालन का प्रश्न ?

10 दिसम्बर 1948 को मानव अधिकारों की विश्व घोषणा की गई। उसमें प्रकारान्तर से यह भी अपील थी कि संयुक्त राष्ट्र संघ के सदस्य देश अपने यहाँ राष्ट्रीय मानव अधिकार आयोगों का गठन कर संयुक्त राष्ट्र संघ के इस घोषणा पत्र को सुचारू रूप से अमल में लायें।, इस घोषणा का प्रचार करें और देशों या प्रदेशों की राजनीतिक स्थिति पर आधारित किसी भी भेदभाव के बिना, विशेष रूप से स्कूलों और अन्य शिक्षण संस्थाओं में इसके प्रचार, प्रसार, प्रदर्शन, शिक्षा तथा व्याख्या की व्यवस्था करें।

हमारे देश का संविधान प्रत्येक नागरिक को एक समान मानते हुए, उसके मौलिक अधिकारों की ओर सर्वाधिक ध्यान देता है। संविधान में मुख्यतः जिन मूल अधिकारों का समावेश किया गया है, उनमें से कुछ इस प्रकार हैं:-

1. भाषण एवं अभिव्यक्तिकी स्वतंत्रता।
2. सभा एवं समिति बनाने की स्वतंत्रता।
3. व्यवसाय की स्वतंत्रता।
4. आवागमनकी स्वतंत्रता।
5. जीवन एवं स्वतंत्रता का अधिकार।
6. विधि के समक्ष समानता का अधिकार।
7. समान अवसर का अधिकार।
8. अपने जन्मजात या मनपसन्द धर्म का पालन और उसके खुले प्रदर्शन का अधिकार।
9. अल्पसंख्यकों को शैक्षिक संस्थानों के प्रबन्ध का अधिकार । इत्यादि।

स्पष्ट है कि हमारे संविधान - निर्माता अमेरिका और फ्रांसीसी क्रांतियों के आदर्शों से प्रभावित थे। इसीलिए उन्होंने कुछ स्वतंत्रताओं और अधिकारों को

बुनियादी रूप से मान्यता दी और उन्हें मौलिक अधिकारों के रूप में हमें प्रदान किया। ये अधिकार वाद-योग्य हैं और उच्चतम न्यायालय को विशेष रूप से इन अधिकारों के संरक्षण का कार्य सौंपा गया है। यह रेखांकित करते हुए **श्री भूषण लाल वोहरा** ने कहा है कि , "इसके अलावा, सन् 1919 की रूस की क्रांति और समाजवादी विचारों से प्रेरित कुछ अन्य अधिकार भी हमारे संविधान के निर्माताओं ने संविधान में दिए जो बहुत महत्त्वपूर्ण हैं। उदाहरणतया रोजी कमाने का अधिकार,जीवन निर्वाह के पर्याप्त साधनों का अधिकार, न्यूनतम मजदूरी का अधिकार, समान कार्य के लिए समान वेतन का अधिकार, बेरोजगारी की स्थिति में सार्वजनिक सहायता का अधिकार, बीमार और बुढ़ापे में उपचार और देखभाल का अधिकार, शिक्षा का अधिकार इत्यादि। इन्हें हमारे संविघान में राज्य की नीति के निदेशक तत्त्व के रूप में घोषित किया गया है। ये तत्व वाद योग्य नहीं है किन्तु संविधान में स्वयं इन्हें देश के शासन में मौलिक सिद्धान्तों के रूप में घोषित किया है जिन्हें नये नियुम या कानून बनाते समय राज्य को घ्यान में रखना आवश्यक है।" *(देखें, मानव अधिकार और पुलिस, 1995, पृष्ठ - 18)*

कहना न होगा कि भारत सरकार इन मूल तत्त्वों की ओर सदैव से सजग रही है। यदि सरकार की सजगता पर भरोसा न भी करें, तो हमारे देश में एक मज़बूत और निष्पक्ष न्यायपालिका भी है, जो देश में मानव अधिकारों की रक्षा करती है और संविधान के किसी भी उनुच्छेद की उल्लंघन पर दृष्टि रखती है। साथ ही इस कार्य में महत्त्वपूर्ण भूमिका लोकतंत्र का चौथा स्तम्भ - प्रेस, निभाता है। वह इन अधिकारों की निष्पक्ष ढंग से देखरेख करता है।

इसी क्रम में भारत सरकार ने निर्बल वर्ग के अधिकारों की सुनिश्चितता के लिए तीन आयोगों का भी गठन किया है-

(1) अनुसूचित जातियों, अनुसूचित जनजातियों के लिए राष्ट्रीय आयोग (1990)

(2) महिलाओं के लिए राष्ट्रीय आयोग (1990)

(3) अल्पसंख्यकों के लिए राष्ट्रीय आयोग (1992)

इसके साथ ही, 28 सितम्बर, 1993 को भारत के राष्ट्रपति ने "मानवाधिकार संरक्षण अध्यादेश, 1993" निर्गत करके एक राष्ट्रीय मानव अधिकार आयोग के गठन की नींव रखी और देश के विभिन्न राज्यों में भी ऐसे मानव अधिकार आयोग राज्य स्तर पर गठित किए जाने की प्रेरणा दी। इस महत्त्वपूर्ण अध्यादेश के प्रथम पृष्ठ पर इसका उद्देश्य इस प्रकार अंकित है-

"मानव अधिकार के अधिक अच्छे संरक्षण के लिए राष्ट्रीय मानव

अधिकार आयोग और राज्यों में राज्य मानव अधिकार आयोगों का और मानव अधिकार न्यायालयों का गठन करने तथा उससे संसक्त या उसके आनुषंगिक विषयों का उपबंध करने के लिए अध्यादेश।''

इस अध्यादेश के तहत भारत सरकार ने अक्टूबर, 1993 में 'राष्ट्रीय मानव अधिकार आयोग' का गठन किया।

संसद ने इस अध्यादेश को 8 जनवरी, 1994 को एक अधिनियम के रूप में परिवर्तित कर दिया।

(यहाँ यह तथ्य उल्लेखनीय है कि इस अध्यादेश और अधिनियम से लगभग दो वर्ष पूर्व ही 6 जनवरी 1992 को हमारे देश के मध्य-प्रदेश राज्य ने सबसे पहले अपने यहाँ एक राज्य मानवाधिकार आयोग का गठन कर ऐतिहासिक कदम उठाया था। अन्य राज्यों में ऐसें आयोग राष्ट्रीय मानवाधिकार आयोग के गठन के बाद धीरे-धीरे गठित हुए और हो रहे हैं।)

हम यहाँ राष्ट्रीय मानव अधिकार आयोग के सम्बंध में कुछ सामान्य जानकारी देना चाहेंगे, ताकि इसका सही स्वरूप और कार्यपद्धति, इसके कर्त्तव्य एवं अधिकार समझे जा सकें।

राष्ट्रीय मानव अधिकार आयोग का मुख्यालय सरदार पटेल भवन, संसद मार्ग, नई दिल्ली-1 में स्थित है। इसके प्रथम अध्यक्ष भारत के उच्चतम न्यायालय के अवकाश प्राप्त मुख्य न्यायाधीश **न्यायमूर्ति श्री रंगनाथ मिश्र** थे। वर्तमान में इसके अध्यक्ष **न्यायमूर्ति जे.एस. वर्मा** हैं।

राष्ट्रीय मानव अधिकार आयोग के अध्यक्ष तथा अन्य सदस्यों की नियुक्ति महामहिम राष्ट्रपति अपने हस्ताक्षर और मुद्रा-सहित अधिपत्र (Warrant) द्वारा करते हैं।

राष्ट्रीय मानव अधिकार आयोग का गठन

मानव अधिकार संरक्षण अधिनियम, 1993 (No.10 of 1994, 8th January, 1994) के अध्याय-II के अनुच्छेद-3 के अनुसार -

(1) केन्द्रीय सरकार एक निकाय का, जो राष्ट्रीय मानव अधिकार आयोग के नाम से ज्ञात हो, इस अध्यादेश के अधीन उसे प्रदत्त शक्तियों का प्रयोग करने और उसे समनुदेशित कृत्यों का पालन करने के लिए (to perform the functions assigned to it), गठन करेगी।

(2) आयोग निम्नलिखित से मिलकर बनेगा-

(क) अध्यक्ष (a chairperson), जो उच्चतम न्यायालय का न्यायमूर्ति रहा है।

(ख) एक सदस्य (one member),जो उच्चतम न्यायालय का न्यायाधीश है या न्यायाधीश रहा है।

(ग) एक सदस्य, जो उच्चन्यायालय का मुख्य न्यायमूर्ति है या मुख्य न्यायमूर्ति रहा है।

(घ) दो सदसस्य ऐसे व्यक्तियों में से नियुक्त किए जायेंगे, जिन्हें मानव अधिकारों से सम्बधित विषयों का ज्ञान या व्यावहारिक अनुभव है।

(3) राष्ट्रीय अल्पसंख्यक आयोग, राष्ट्रीय अनुसूचित जाति और अनुसूचित जनजाति आयोग और राष्ट्रीय महिला आयोग के अध्यक्ष धारा-12 के खण्ड (ख) से खण्ड (ञ) में विनिर्दिष्ट कृत्यों के निर्वहन के लिए आयोग के सदस्य समझे जायेंगे।

(4) एक महासचिव (Secretary-General) होगा, जो आयोग का मुख्य कार्यपालक अधिकारी होगा और वह आयोग की ऐसी शक्तियों का प्रयोग और कृत्यों का निर्वहन करेगा, जो आयोग उसे प्रत्यायोजित (delegate) करे।

(5) आयोग का मुख्यालय दिल्ली में होगा और आयोग, केन्द्रीय सरकार के पूर्व अनुमोदन से भारत के अन्य स्थानों पर कार्यालय स्थापित कर सकेगा।

अध्यक्ष और अन्य सदस्यों की नियुक्ति

इस अधिनियम के अध्याय - II के अनुच्छेद 4 के अनुसार-

4.(1) अध्यक्ष और अन्य सदस्यों को राष्ट्रपति अपने हस्ताक्षर और मुद्रा सहित अधिपत्र (Warrant) द्वारा नियुक्त करेगा।

किन्तु इस उपधारा के अधीन प्रत्येक नियुक्ति ऐसी समिति की, जिसमें निम्नलिखित व्यक्ति होंगे, सिफारिश प्राप्त होने के पश्चात् की जाएगी-

(क) प्रधानमंत्री - अध्यक्ष

(ख) लोकसभा का अध्यक्ष - सदस्य

(ग) भारत सरकार के गृहमंत्रालय का भारसाधक मंत्री (Minister in-charge) - सदस्य

(घ) लोक सभा में विपक्ष कर नेता - सदस्य

(ङ) राज्य सभा में विपक्ष का नेता - सदस्य

(च) राज्य सभा का उप सभापति - सदस्य

परन्तु यह और कि उच्चतम न्यायालय का कोई आसीन न्यायाधीश या किसी उच्च न्यायालय का कोई आसीन मुख्य न्यायमूर्ति भारत के मुख्य न्यायमूर्ति (chief Justice of India) से परामर्श के पश्चात् ही नियुक्त किया जाएगा।

(2) अध्यक्ष या किसी सदस्य की कोई नियुक्ति केवल इस आधार पर अविधि मान्य (invalid) नहीं होगी कि समिति में कोई रिक्ति थी।

सदस्यों की पदावधि (Term of office of Members)

6 (1) अध्यक्ष के रूप में नियुक्त किया गया कोई व्यक्ति उस तारीख से, जिससे वह अपना पद ग्रहण करता है, पाँच वर्ष की अवधि तक या सत्तर वर्ष की आयु पूरी करने तक, जो भी पूर्वतर हो, पद धारण करेगा।

(2) सदस्य के रूप में नियुक्त किया गया कोई व्यक्ति उस तारीख से, जिससे वह अपना पद ग्रहण करता है, पाँच वर्ष की अवधि तक पद धारण करेगा और वह अन्य पाँच वर्ष की पदावधि के लिए पुनर्नियुक्ति के भी योग्य होगा।

परन्तु यह और कि कोई भी सदस्य सत्तर वर्ष की आयु पूरी करने पर यह पद ग्रहण नहीं करेगा।

(3) अध्यक्ष या कोई सदस्य अपना पद ग्रहण कर लेने पर, भारत सरकार या किसी राज्य सरकार के अधीन पुनः रोजगार के योग्य नहीं माना जाएगा।

आयोग-द्वारा अपनाई जाने वाली कार्यविधि- प्रक्रिया

इस अध्यादेश के अध्याय - II के अनुच्छेद -10 में कहा गया है कि-

10. (1) आयोग की बैठक उस समय और स्थान पर होगी, जब और जहाँ अध्यक्ष ठीक समझेगा।

(2) आयोग अपने अनुसार कार्यविधि/ प्रक्रिया अपनाएगा।

(3) आयोग के सभी आदेश और निर्णय महासचिव या अध्यक्ष-द्वारा इस कार्य के लिए अधिकृत आयोग के किसी अधिकारी-द्वारा अधिप्रमाणित (authenticated) होंगे।

आयोग के अधिकारी और अन्य कर्मचारीगण

इस अध्यादेश के अध्याय - II के अनुच्छेद - 11 में बताया गया है कि-

11.1(1) केन्द्रीय सरकार, आयोग के लिए निम्नलिखित की व्यवस्था करेगी-

(क) भारत सरकार के सचिव की पंक्ति का कोई अधिकारी, जो आयोग का महासचिव होगा; और

(ख) ऐसे अधिकारी के, जो पुलिस के महानिदेशक की पंक्ति से नीचे का न हो, अधीन इतने पुलिस तथा अन्वेषण करनेवाले कर्मचारीवृन्द और इतने अन्य अधिकारी तथा कर्मचारीवृन्द जो आयोग के कृत्यों के दक्ष पालन के लिए आवश्यक हों।

(2) ऐसे नियमों के अधीन रहते हुए, जो केंद्रीय सरकार द्वारा इस निमित्त बनाए

जाएँ, आयोग इतने अन्य प्रशासनिक, तकनीकी और वैज्ञानिक कर्मचारीवृन्द नियुक्त कर सकेगा, जितने वह आवश्यक समझे।

अब हम विचार करते हैं राष्ट्रीय मानव अधिकार आयोग के कृत्य और शक्तियों (Functions and Powers) पर।

आयोग के कृत्य

अधिनियम के अध्याय - II के अनुच्छेद-12 में आयोग के कृत्य इस प्रकार वर्णित हैं-

12. आयोग निम्नलिखित में से सभी या किसी कृत्य को करेगा-

(क) स्वप्रेरणा (suomotu) से या पीड़ित व्यक्ति द्वारा या उसकी ओर से किसी व्यक्ति द्वारा प्रस्तुत की गई अर्जी पर निम्नलिखित शिकायत के बारे में जाँच करेगा-

(1) किसी लोक सेवक द्वारा- (i) मानव अधिकारों का उल्लंघन या उसके लिए दुष्प्रेरित करना, या (ii) इस प्रकार के उल्लंघनों के निवारण में उपेक्षा बरतना;

(ख) किसी न्यायालय के समक्ष लंबित मानव अधिकारों के अतिक्रमण के किसी अभिकथन को अंतर्वलित करने वाली किसी कार्यवाही में ऐसे न्यायालय के अनुमोदन से हस्तक्षेप करेगा।

(ग) राज्य सरकार को सूचना देकर राज्य सरकार के नियंत्रण के अधीन किसी जेल या किसी अन्य संस्था का, जहां व्यकित उपचार, सुधार या संरक्षण के प्रयोजनों के लिए निरुद्ध या दाखिल किए जाते हैं, वहाँ के निवासियों के जीवन की परिस्थितियों का अध्ययन करनेके लिए निरीक्षण करेगा और उन पर सिफारिश करेगा;

(घ) संविधान द्वारा या उसके अधीन या मानव अधिकारों के संरक्षण के लिए तत्समय प्रदत्त किसी अन्य विधि के अधीन उपबंधित रक्षोपयोगी? का पुर्नवलोकन करेगा और उनके प्रभावी कार्यान्वयन के लिए उपायों की सिफरिश करेगा;

(ङ) ऐसी बातों का, जिनके अन्तर्गत आतंकवाद के कार्य हैं, जो मानव अधिकार के उपयोग में विघ्न डालते हैं पुनर्विलोकन करेगा ओर समुचित उपचारात्मक उपायों की सिफारिश करेगा;

(च) मानव अधिकारों से संबंधित संधियों और अन्य अन्तर्राष्ट्रीय लिखतों का अध्ययन करेगा और उनके प्रभावी कार्यान्वयन के लिए सिफारिश करेगा;

(छ) मानव अधिकारों के क्षेत्र में अनुसंधान करेगा और उसका संवर्धन करेगा;

(ज) समाज के विभिन्न वर्गों के बीच मानव अधिकारों संबंधी साक्षरता फैलायेगा और उन अधिकारों के संरक्षण के लिए प्रकाशनों, मीडिया, सेमिनार और अन्य उपलब्ध युक्तियों के माध्यम से उपलब्ध सुरक्षा उपायों के प्रति जागरूकता का संवर्धन करेगा;

(झ) मानव अधिकारों के क्षेत्र में कार्यरत गैर-सरकारी संगठनों और संस्थाओं के प्रयासों को उत्साहित करेगा;

(ञ) ऐसे अन्य कृत्य करेगा, जो मानव अधिकारों के संरक्षण के लिए आवश्यक समझे जाएं।

जाँच से संबंधित शक्तियां

इसी अध्याय में अनुच्छेद - 13 में यह शक्तियां वर्णित हैं-

13.(1) आयोग की, इस अधिनियम के अधीन शिकायतों की जांच करते समय वे सभी शक्तियाँ होंगी, जो किसी वाद का विचारण करते समय सिविल प्रक्रिया संहिता, 1908 के अधीन किसी सिविल न्यायालय की होती हैं, विशिष्टतया निम्नलिखित विषयों की बाबत, अर्थात् -

(क) किसी व्यक्ति को बुलाना (समन करना) और हाजिर कराना तथा शपथ पर उसकी परीक्षा करना;

(ख) किसी दस्तावेज को प्रकट और पेश करने की अपेक्षा करना;

(ग) शपथ पत्रों पर साक्ष्य ग्रहण करना;

(घ) किसी न्यायालय या कार्यालय से कोई लोक अभिलेख या उसकी प्रतिलिपि की अपेक्षा करना;

(ङ) साक्षियों या दस्तावेजों की परीक्षा के लिए कमीशन निकालना;

(च) कोई अन्य विषय जो विहित किया जाए।

(2) आयोग को किसी ऐसे व्यक्ति से, जिसे कोई विशेषाधिकार प्राप्त है जिसके लिए उस व्यक्ति द्वारा तत्समय प्रवृत्त किसी विधि के अधीन दावा किया जा सकता है, ऐसी बातों या विषयों पर जानकारी की अपेक्षा करने की शक्ति होगी जो आयोग की राय में जांच की विषय वस्तु के लिए उपयोगी या सुसंगत हो सकेगी और ऐसा व्यक्ति जिससे ऐसी अपेक्षा की जाती है, भारतीय दंड संहिता की धारा 176 और 177 के अर्थ के भीतर ऐसी जानकारी देने के लिए विधिक रूप से आबद्ध समझा जाएगा।

(3) आयोग या आयोग द्वारा इस निमित्त विशिष्टतया प्राधिकृत कोई अन्य अधिकारी जो राजपत्रित अधिकारी की पंक्ति से नीचे का न हो, किसी ऐसे भवन या स्थान में प्रवेश कर सकेगा जहाँ आयोग के पास यह विश्वास करने का कारण है कि जांच की विषय वस्तु से संबंधित कोई अन्य दस्तावेज वहाँ पाया जा सकता है, और दंड प्रक्रिया सँहिता, 1973 की धारा 100 के उपबंधों के अधीन रहते हुए जहाँ तक वे लागू हो सकते हों, ऐसे किसी दस्तावेज का अभिग्रहण कर सकेगा या उससे उद्धरण अथवा उसकी प्रतियाँ ले सकेगा।

(4) आयोग को सिविल न्यायालय समझा जाएगा और जब कोई ऐसा अपराध जो भारतीय दंड सँहिता की धारा - 175, धारा - 178, धारा - 179, धारा - 180, या धारा - 228 में वर्णित है, आयोग की दृष्टि में या उसकी उपस्थिति में किया जाता है तो आयोग अपराध गठित करने वाले तथ्यों तथा दंड प्रक्रिया सँहिता, 1973 में यथा उपबंधित अभियुक्त के कथन को लेखनबद्ध करने के पश्चात् मामले को उसके विचारण की अधिकारिता रखने वाले उस मजिस्ट्रेट को भेज सकेगा और वह मजिस्ट्रेट जिसको ऐसा मामला भेजा जाता है, अभियुक्त के विरुद्ध शिकायत की सुनवाई ऐसे आरंभ करेगा मानो उसको वह मामला दंड प्रक्रिया सँहिता, 1973 की धारा - 346 के अधीन भेजा गया हो।

(5) आयोग के समक्ष प्रत्येक कार्यवाई भारतीय दंड सँहिता की धारा - 193 और धारा - 228 के अर्थान्तर्गत तथा धारा - 196 के प्रयोजनों के लिए न्यायिक कार्यवाई समझी जाएगी और आयोग दंड प्रक्रिया सँहिता, 1973 की धारा - 195 और अध्याय - 26 के प्रयोजनों के लिए एक सिविल न्यायालय समझा जाएगा।

अन्वेषण (investigation)

अनुच्छेद - 14 के अंतर्गत आयोग के लिए अन्वेषण (Investigation) की प्रक्रिया इस प्रकार वर्णित है-

14(1) आयोग, जांच की बाबत किसी अन्वेषण को संचालित करने के प्रयोजन के लिए यथास्थिति केन्द्रीय सरकार या किसी राज्य सरकार की सहमति से केन्द्रीय सरकार या राज्य सरकार के किसी अधिकारी या अन्वेषण अभिकरण की सेवाओं का उपयोग कर सकेगा।

(2) जांच की बाबत किसी विषय में अन्वेषण करने के प्रयोजन के लिए ऐसा कोई अधिकारी या अभिकरण, जिसकी सेवाओं का उपधारा (1) के अधीन

प्रयोग किया जाता है, आयोग के निदेशन और नियंत्रण के अधीन रहते हुए निम्नलिखित कर सकेगा, अर्थात-

(क) किसी व्यक्ति को 'समन' करना और हाजिर कराना तथा उसकी परीक्षा करना;

(ख) किसी दस्तावेज को प्रकट और पेश करने की अपेक्षा करना;

(ग) किसी कार्यालय से किसी लोक अभिलेख या उसकी प्रति की अपेक्षा करना।

(3) धारा 15 के उपबंध। किसी ऐसे अधिकारी या अभिकरण के समक्ष, जिसकी सेवाओं का उपयोग उपधारा(1) के अधीन किया जाता है, किसी व्यक्ति द्वारा किए गए किसी कथन के संबंध में ऐसे लागू होंगे जैसे वे आयोग के समक्ष साक्ष्य देने के अनुक्रम में किसी व्यक्ति द्वारा किए गए किसी कथन के संबंध में लागू होते हैं।

(4) ऐसा अधिकारी या अभिकरण जिसकी सेवाओं का उपधारा (1) के अधीन उपयोग किया जाता है, जांच की बाबत किसी विषय का अन्वेषण करेगा और उस पर आयोग को उतनी अवधि के भीतर, जो आयोग द्वारा इस निमित्त विनिर्दिष्ट की जाए, एक रिपोर्ट पेश करेगा।

(5) आयोग, उपधारा (4) के अधीन उसको प्रस्तुत की गई रिपोर्ट में कथित तथ्यों और निकाले गए निष्कर्षों, यदि कोई हों, की शुद्धता के बारे में स्वयं समाधान करेगा और इस प्रयोजन के लिए ऐसी जांच (जिसमें ऐसे व्यक्ति या व्यक्तियों की परीक्षा समिलित है जिन्होंने अन्वेषण किया है या उसमें सहायता की है) कर सकेगा जो वह ठीक समझे।

शिकायतों की जाँच

अध्यादेश के अध्याय - IV (Procedure) के अंतर्गत बताया गया है कि-

17. आयोग मानव अधिकारों के अतिक्रमण की शिकायतों की जाँच करते समय:-

(i) केन्द्रीय सरकार या किसी राज्य सरकार या उसके अधीनस्थ किसी अन्य प्राधिकारी अथवा संगठन से ऐसे समय के भीतर जो इसके द्वारा विनिर्दिष्ट किया जाए, सूचना या रिपोर्ट माँग सकेगा;

परन्तु-

(क) यदि आयोग द्वारा नियत समय के भीतर सूचना या रिपोर्ट प्राप्त नहीं होती है तो वह शिकायत की जांच स्वयं कर सकेगा;

(ख) यदि सूचना या रिपोर्ट की प्राप्ति पर आयोग का यह समाधान हो जाता है

कि आगे जांच अपेक्षित नहीं है या संबधित सरकार या प्राधिकारी द्वारा अपेक्षित कार्रवाई आरंभ कर दी गई है या कार्रवाई कर दी गई है तो वह शिकायत पर आगे कार्यवाही नहीं कर सकेगा और शिकायतकर्ता को तदनुसार सूचित कर सकेगा;

(ii) खंड(1) में अन्तर्विष्ट किसी बात पर प्रतिकूल प्रभाव डाले बिना शिकायत की प्रकृति को ध्यान में रखते हुए यदि आयोग आवश्यक समझता है तो जांच आरम्भ कर सकेगा।

जाँच के पश्चात् कार्रवाई

इसी अध्याय में आगे वर्णित है कि-

18. आयोग इस अधिनियम के अधीन की गई किसी जांच के पूरा होने पर निम्नलिखित कार्रवाई कर सकेगा, अर्थात:-

(1) जहाँ जाँच से मानव अधिकारों के अतिक्रमण का होना प्रकट होता है वहाँ पर संबधित सरकार या प्राधिकारी को संबधित व्यक्ति या व्यक्तियों के विरूद्ध अभियोजन के लिए कार्यवाही या ऐसी अन्य कार्रवाइ आरंभ करने के लिए जो आयोग ठीक समझे, सिफारिश कर सकेगा;

(2) ऐसे निदेशों या आदेशों या परमादेशों के लिए उच्चतम न्यायलय या संबधित उच्च न्यायालय के पास जैसा वह न्यायालय आवश्यक समझे, जा सकेगा;

(3) आहत व्यक्ति या उसके कुटुंब के सदस्यों को ऐसी तुरंत अंतरिम सहायता करने की संबंधित परकार या प्राधिकारी को सिफारिश कर सकेगा जैसी आयोग आवश्यक समझे;

(4) खंड (5) के उपबंधों के अधीन रहते हुए अर्जीदार या उसके प्रतिनिधि को जांच रिपोर्ट की प्रति उपलब्ध करा सकेगा;

(5) आयोग अपनी सिफारिश सहित संबधित सरकार या प्राधिकारी को अपनी जांच रिपोर्ट की प्रति भेजेगा और संबधित सरकार या प्राधिकारी, एक मास की अवधि या ऐसे और समय के भीतर, जो आयोग अनुज्ञात करे रिपोर्ट पर अपनी टीका-टिप्पणी भेजेगा, जिसमें इस पर की गई कार्रवाई या की जाने वाली प्रस्तावित कार्रवाई भी सम्मिलित है।

(6) आयोग संबधित सरकार या प्राधिकारी, यदि कोई हो, की टीका-टिप्पणी सहित जाँच रिपोर्ट तथा सबंधित सरकार, या प्राधिकारी द्वारा आयोग की सफिारिशों पर की गई कार्रवाई या की जाने वाली प्रस्तावित कार्रवाई को प्रकाशित करेगा।

राज्य मानव अधिकार आयोग का गठन

इस अध्यादेश के अध्याय-V में राज्य मानव अधिकार आयोग के गठन का प्रावधान है।

21.(1) कोई राज्य सरकार. (राज्य का नाम) मानव अधिकार आयोग नामक निकाय का इस अध्याय के अधीन राज्य आयोग को प्रदान की गई शक्तियों के प्रयोग तथा सौपें गए कृत्यों का पालन करने के लिए गठन कर सकेगी।

(2) राज्य आयोग निम्नलिखित से मिलकर बनेगा:-

(क) अध्यक्ष, जो किसी उच्च न्यायालय का मुख्य न्यायमूर्ति रहा है;

(ख) एक सदस्य, जो किसी उच्च न्यायालय का न्यायाधीश है या रहा है;

(ग) एक सदस्य, जो उस राज्य में जिला न्यायाधीश है या रहा है;

(घ) दो सदस्य, जो ऐसे व्यक्तियों में से नियुक्त किए जायेंगे जिन्हें मानव अधिकारों से सबंधित विषयों का ज्ञान या व्यावहारिक अनुभव है।

(3) एक सचिव होगा, जो राज्य आयोग का मुख्य कार्यपालक अधिकारी होगा और राज्य आयोग की ऐसी शक्तियों का प्रयोग और ऐसे कृत्यों का निर्वहन करेगा, जो राज्य आयोग उसे प्रत्यायोजित करे।

(4) राज्य आयोग का मुख्यालय ऐसे स्थान पर होगा जो राज्य सरकार अधिसूचना द्वारा विनिर्दिष्ट करे।

राज्य आयोग के अध्यक्ष और अन्य सदस्यों की नियुक्ति

इसी अध्याय में अनुच्छेद - 22 के अंतर्गत यह बताया गया है कि -

22.(1) अध्यक्ष और अन्य सदस्यों को राज्यपाल अपने हस्ताक्षर सहित अधिपत्र द्वारा नियुक्त करेगा;

परन्तु इस उपधारा के अधीन प्रत्येक नियुक्ति ऐसी समिति के जिसमें निम्नलिखित व्यक्ति होंगे, सिफारिशें प्राप्त होने के पश्चात् की जाएगी:-

(क) मुख्यमंत्री- अध्यक्ष;

(ख) विधान सभा अध्यक्ष- सदस्य;

(ग) उस राज्य के गृह विभाग का भारसाधक मंत्री- सदस्य;

(घ) विधान सभा में विपक्ष का नेता- सदस्य;

परन्तु यह और कि जहाँ किसी राज्य में विधान परिषद् है, वहाँ उस परिषद का अध्यक्ष और उस परिषद् में विपक्ष का नेता भी समिति के सदस्य होंगे;

परन्तु यह और भी कि उच्च न्यायालय का कोई आसीन न्यायाधीश या

कोई आसीन जिला न्यायाधीश, संबंधित राज्य के उच्च न्यायालय में मुख्य न्यायमूर्ति से परामर्श के पश्चात् ही नियुक्त किया जाएगा।

(2) राज्य आयोग के अध्यक्ष या किसी सदस्य की कोई नियुक्ति केवल इस आधार पर अविधिमान्य नहीं होगी कि समिति में कोई रिक्ति थी।

मानव अधिकार न्यायालय

30 मानव अधिकारों के अतिक्रमण से उद्भूत होने वाले अपराधों के शीघ्र विचारण के बारे में उपबंध करने के प्रयोजन के लिए, राज्य सरकार उच्च न्यायालय के मुख्य न्यायमूर्ति की सहमति से, अधिसूचना द्वारा उक्त अपराधों के विचारण के लिए प्रत्येक जिले के लिए किसी सेशन न्यायालय को मानव अधिकार न्यायालय विनिर्दिष्ट कर सकेगी।

परन्तु इस धारा की कोई बात लागू नहीं होगी, यदि सत्समय प्रवृत्त किसी अन्य विधि के अधीन ऐसे अपराधों के लिए-

(क) कोई सेशन न्यायालय पहले से ही विशेष न्यायालय के रूप में विनिर्दिष्ट है; या

(ख) कोई विशेष न्यायालय पहले से ही गठित है।

जैसा कि पहले ही बताया जा चुका है, भारत के राष्ट्रपति ने सितम्बर 1993 में " मानव अधिकार संरक्षण अध्यादेश, 1993" जारी किया था। इस अध्यादेश के तहत भारत सरकार ने अक्तूबर, 1993 में एक राष्ट्रीय मानव अधिकार आयोग का गठन किया। इस आयोग के प्रथम अध्यक्ष भारत के उच्चतम न्यायालय के अवकाशप्राप्त मुख्य न्यायाधीश श्री रंगनाथ मिश्र थे। इस आयोग का मुख्यालय दिल्ली में है।

इस प्रकार हम पाते हैं कि राष्ट्रीय मानव अधिकार आयोग एक शक्तिशाली आयोग है, जिसके कार्य और शक्तियां सभी नागरकों को उनके अधिकार दिलाना है। इस क्षेत्र में हो रहे अत्याचारों से मुक्ति में सहयोग एवं सहायता प्रदान करना है।

भारत की आजादी को 50 वर्ष बीत चुके हैं। किसी देश की कानून-व्यवस्था के लिए 50 वर्ष कम नहीं हुआ करते। आजादी की स्वर्ण-जयंती मना चुके हमारे देशवासी स्वतंत्रता के प्रस्थान बिन्दु से अब तक; यानी, सन् 1999 तक, यानी नई सहस्राब्दी के प्रवेश-द्वार तक अपनी प्रगति-यात्रा पर पुनर्विचार करें तो बहुत-से अच्छे-बुरे चित्र उनकी स्मृति में कौंधेंगे। इनमें से अन्य बहुत-सी बातों के अलावा अशिक्षा, गरीबी, आतंकवाद, साम्प्रदायिक दंगे, जनसंख्या विस्फोट और पर्यावरण-प्रदूषण

मुख्य हैं। अपलब्धियां भी कई हैं, किन्तु वे उपलब्धियाँ इन नकारात्मक पहलुओं के नीचे दब जाती हैं। इन पचास वर्षों से कुछ अधिक समय की गति-प्रगति की चमत्कारपूर्ण और चमकदार चर्चाओं पर इन पहलुओं की छायाएँ रह-रह कर मंडराती दिखाई देती हैं। बहरहाल इनसे अलग कुछ चर्चा मानव अधिकार और पर्यावरण-संतुलन पर करें।

अपनी एक वार्षिक रिपोर्ट में मानव अधिकार आयोग ने बहुत ही मार्मिक बात कही है - राष्ट्र की ऐतिहासिक स्मृति में वे शब्द उत्कीर्ण हैं जब प्रथम प्रधामंत्री ने 14-15 अगस्त 1947 की अर्धरात्रि को संविधान सभा में अपने विचार प्रकट करते हुए कहा था-

"एक जामना गुजरा जब हमने भाग्य के साथ मिलने का वादा किया था और अब समय आ गया है जब पूरी तरह से तो नहीं अथवा पूरे उपायों के साथ भी नहीं, किन्तु काफी हद तक हमें अपने वचन को पूरा करना है।"

यह आयोग जिसे मानव अधिकारों को प्रोत्साहन तथा संरक्षण देने की जिम्मेदारी सौंपी गई है, उसके लिए यह पूछना आवश्यक है:

स्वाधीनता के 50 वर्ष बीत जाने के बाद क्या हमने, स्वदेशवासियों को मानव अधिकारों के सम्बंध में दिए गए वचना का पालन किया है? भारत के संविधान में दी गई गारंटी एवं संविधान में निहित वादों के अनुसार क्या हमने भारतवासियों के जीवन, स्वतंत्रता, समानता तथा वैयक्तिक गरिमा के अधिकार विषयक दिए गए वचन का यदि "समग्ररूप" से नहीं तो क्या "काफी हद" तक पालन किया है। *(वार्षिक रिपोर्ट, 1996-97, पृष्ठ-2)*

वास्तव में इन प्रश्नों का उत्तर जटिल है। सरकार को, राष्ट्रीय मानव अधिकार आयोग को, विभिन्न राज्यों के मानव अधिकार आयोगों को, हमारी न्यायपालिका को, कार्यपालिका को, प्रेस को और स्वयं हम सबको आत्म-मंथन की आवश्यकता है।

इधर के कुछ वर्षों में, विशेष रूप से सातवें दशके से, देश में यह प्रकृति देखने को मिली है कि, "भारतवासियों का अपने नागरिक तथा राजनैतिक अधिकारों का उपयोग करने के लिए विस्मयकारी लगाव है तथा इन अधिकारों को कम करने का जब कोई प्रयास किया जाता है तो वे अधीर हो उठते हैं।" *(वार्षिक रिपोर्ट, 1996-97, पृष्ठ-2)* यह एक शुभ लक्षण है। पुनः राष्ट्रीय मानव अधिकार आयोग की इस रिपोर्ट की एक टिप्पणी पढ़ कर देखें, "चुनावों ने अधिक स्पष्टतया यह उद्घाटित किया है कि वयस्क मताधिकार की प्रेरणा से

राष्ट्र असाधारण तथा गम्भीर रूप से सामाजिक और राजनीतिक रूपान्तरण के लिए इतना अधिक तत्पर है जितना वह पहले कभी नहीं रहा। परिणामतः देश में ऐसे सामाजिक तथा आर्थिक समूहों का सबलीकरण हो रहा है जिनकी शक्ति के क्रियान्वयन अथवा उसके परिणामों के समुचित उपयोग के लिए काफी समय तक नकारा गया था। इस प्रक्रिया से जुड़ी सभी 'संभ्रांतियों' के होते हुए-कुछ का विचार है कि यह प्रक्रिया काफी धीमी है, जबकि अन्य के विचार से यह अत्यधिक गतिशील है- इसमें शक नहीं कि मत पत्र हमारी राजनीति के दूरगामी लोकतंत्रीकरण में अग्रवर्ती भूमिका निभा रहा है तथा 1947 के बाद इसमें व्यापक परिवर्तन हुआ है। नितान्त सही अर्थों में इस प्रक्रिया-द्वारा राष्ट्र, राष्ट्रीय स्वतंत्रता आन्दोलन के वर्षों में अपने दिए गए वचनों का पालन कर रहा है।'' *(वार्षिक रिपोर्ट, 1996-97, पृष्ठ-2)*

लेकिन केवल राजनीतिक अधिकारों के प्रयोग से ही सारी समस्याओं का अन्त नहीं हो जाता। न सारे उद्देश्य पूरे हो जाते हैं। बल्कि कई बार तो राजनीतिक दुष्चक्र में समस्याएँ और भी उलझ जाती हैं। ऐसा ही एक प्रश्न पर्यावरण-प्रदूषण और उससे जुड़े अन्य पक्षों का है। इस ओर अपेक्षाकृत कम ध्यान दिया गया है। जबकि आतंकवाद, साम्प्रदायिक दंगों, पुलिस हिरासत मे मृत्यु, बलात्कार, नारी उत्पीड़न, गैरकानूनी नजरबन्दी/ गिरफ्तारी, पुलिस ज्यादातियाँ, जेलों की दुर्दशा, अनुसूचित जातियों, जनजातियों पर अत्याचार आदि घटनाओं पर सर्वाधिक ध्यान दिया गया है। इसका कारण है आयोग को सर्वाधिक शिकायतें इन्हीं घटनाओं की मिली हैं।

यह कहना ज्यादती होगी कि राष्ट्रीय मानव अधिकार ने पर्यावरण से जुड़े मुद्दों सम्बन्धी विवादों में कोई हस्तक्षेप नहीं किया। किया है, लेकिन सीमित। उदाहरण के लिए आयोग के ऊपर नर्मदा नदी परबनाए जा रहे बरगी बांध को लेकर दबाव पड़ा। इसमें उसे उन परिस्थितियों को लेकर जाँच करनी पड़ी जिनके कारण आदिवासियों को उस क्षेत्र से हटाया गया था। इस वर्ष (1996-97) के दौरान आयोग ने अपने दो वरिष्ठ अधिकारी उन परिस्थितियों का पता लगाने के लिए बोलनगीर तथा कालाहांडी जिलों में भेजे जहाँ अकाल तथा भूख की पीड़ा की वजह से लोगों की मृत्यु होने की शिकायतें आयोग को मिली थीं।

निश्चय ही आयोग को उन लोगों की चिन्ता है जो 'विकास' की 'कीमत' अदा करते हैं, चाहे वह बड़ी परियोजनाओं के लिए दिए गए वचन के द्वारा हो अथवा आर्थिक नीतियों का परिणाम, जिनका प्रकट रूप में या अन्य प्रकार से

प्रभाव यह पड़ा है कि समाज के अति निम्न वर्ग के लोग हाशिए पर आ गए हैं।

एक रिपोर्ट के अनुसार, अगस्त 1996 में आयोग को एक शिकायत नेशनल एलायन्स ऑफ पीपुल्स मूवमेंट से मिली थी, जिसमें मध्य-प्रदेश के 'बरगी बाँध परियोजना से विस्थापित हुए लोगों के मानव अधिकारों का उल्लंघन किए जाने से सम्बन्धित मामले में आयोग से हस्तक्षेप करने का अनुरोध किया गया था।' शिकायत में यह भी जोर देकर कहा गया था कि बाँध का जल स्तर 418 मीटर से बढ़ाकर 422.76 मीटर किए जाने के आधिकारिक निर्णय लेने के कारण कई हजार परिवारों को 'तत्काल गम्भीर संकट' पैदा हो गया है। इन परिवारों में अनेक आदिवासी हैं। फलस्वरूप सिवनी जिले के बीजासेन गाँव में एक शान्तिपूर्ण सत्याग्रह का आयोजन किया गया, किन्तु, संगठनकर्त्ताओं के खिलाफ सरकारी हिंसा का निदेश दिए जाने की वजह से इसमें बाधा पड़ी है।

आयोग की एक टीम मौके पर जाकर अध्ययन करने भेजी गई थी। टीम की रिपोर्ट में अनेक विशेष अनुशंसाएँ की गईं, जो प्रभावित जनसंख्या की दशा सुधारने के सम्बन्ध में थीं। आयोग ने इन अनुशंसाओं का समर्थन किया और केन्द्र तथा राज्य सरकार को समुचित कार्रवाई-हेतु अग्रसित कर दिया। इनमें से बहुत सी अनुशंसाओं पर राज्य सरकार ने कार्रवाई की। ऐसा आयोग का कहना है।

इसके अतिरिक्त नीतिगत स्तर पर आवश्यकतानुसार राष्ट्रीय मानव अधिकार आयोग केन्द्र तथा राज्य सरकारों को ऐसे मामलों में समुचित रूप से दोबारा जाँच करने तथा कानूनों, विनियमों और प्रचलनों में समुचित संशोधन करने की अनुशंसा करता रहता है, ताकि जब राष्ट्रीय आर्थिक विकास से सम्बन्धित उद्देश्य के लिए भूमि के अधिग्रहण की बात आती है तो उच्चतम न्यायालय द्वारा प्रतिपादित संविधान के प्रावधानों तथा अंतर्राष्ट्रीय श्रम संगठन संविदा 107 का, पूरी तरह सम्मान किया जाना चाहिए। आयोग की उस टीम का, (जो बरगी बाँध परियोजना के विस्थापितों की मानव अधिकारों के उल्लंघन सम्बन्धी शिकायतों की जाँच के लिए गई थी) सुझाव था, "यदि 'राष्ट्रीय हित' का समाधान करना है तो ऐसा करना आवश्यक है, क्योंकि इससे समाज के निम्नतम वर्गों के अधिकारों को सही अर्थों में सम्मान मिल सकता है और मिलना भी चाहिए।"

5

विकास-अधिकार और पर्यावरण : अस्तित्व का समीकरण

मनुष्य अपने अस्तित्व-संघर्ष के लिए निरन्तर जूझता चला आ रहा है। उसके विकास में प्रकृति ने सदैव सहयोग दिया है। लेकिन कहीं-कहीं प्रकृति का भी उसके साथ संघर्ष होता रहा है। प्रकृति के साथ समाज की अंतर्क्रिया इतनी व्यापक है कि उससे समूची मानव जाति प्रभावित होती है। आज यह एक विकट पर्यावरणीय प्रश्न है, जिससे हमारा अस्तित्व जुड़ा है। पर्यावरण-प्रदूषण का कारण औद्योगीकरण तथा नगरीकरण, ऊर्जा और कच्चे माल के पारम्परिक साधनों का क्षय, जनसंख्या में निरन्तर वृद्धि, प्राकृति असंतुलन, विभिन्न पशु-पक्षियों व पेड़-पौधों का विनाश और विलुप्त होते जाना तथा औद्योगिक एवं अन्य प्रदूषकों के उन नकारात्मक परिणामों को माना जा सकता है, जिनसे स्वयं मनुष्य का अस्तित्व चपेट में है।

विकास एक अनवरत प्रक्रिया है। मनुष्य प्रकृति के साथ अपना अनुकूलन करता चला आया है और कई बार उसने प्रकृति का दोहन, शोषण और उस पर अधिकार करते हुए उसे अपने हित के लिए बदला है। आज तक होती चली आ रही वैज्ञानिक और तकनीकी प्रगति ने मनुष्य को प्रकृति पर अभूतपूर्व अधिकार दे दिया। "हम शब्दश: पर्वतों को हटा सकते हैं और विशाल रेगिस्तान को उर्वर मरुद्यानों में परिणत कर सकते हैं; हम प्राकृतिक जगत में मौलिक परिवर्तन कर सकते हैं। हमारे उत्पादक व आर्थिक, वैज्ञानिक और तकनीकी कार्यकलाप अंतरिक्ष तक विस्तृत हो गए हैं।" *(द्रष्टव्य: समाज और पर्यावरण, अनुवादक जगदीश चंद पाण्डेय, 1986, प्रगति प्रकाशन, मास्को, परिचय पृष्ठ -5)*

लेकिन इस तथाकथित विकास के साथ यह भी अब स्पष्ट होने लगा है कि हम प्रकृति पर अपने अंतहीन अतिक्रमण, अविवेकपूर्ण दोहन, बिना सोचे-विचारे उसमें बड़े-बड़े फेरबदल करके अपने इस अधिकार का अविवेकपूर्ण उपयोग

नहीं कर सकते। ऐसा करना भी नहीं चाहिए, क्योंकि इसके परिणाम अपने लिए ही घातक सिद्ध होंगे। अधिकाधिक हितलाभों की रचना के साथ-साथ यह बात साफ होती जा रही है कि हम उत्पादन कार्यों के द्वारा जैव मंडल में होने वाले परिवर्तनों की अनदेखी नहीं कर सकते। "आधुनिक परिस्थितिक अनुसंधान से ज्ञात होता है कि जैव-मंडल पर मनुष्य के अनवरत, एकतरफा और काफ़ी हद तक अनियंत्रित प्रभाव से हमारी सभ्यता एक ऐसी सभ्यता में तब्दील हो सकती है, जो मरुभूमियों को मरुद्यानों गें रूपांरित करने के अलावा मरुद्यानों के स्थानों पर रेगिस्तानों को स्थापित कर देगी और पृथ्वी पर सारे जीवन के विनाश का खतरा पैदा कर देगी।" *(पठनीय - समाज और पर्यावरण, पृष्ठ - 6)*

तो क्या हम विकास न करें ? क्या विकास और पर्यावरण संतुलन एक दूसरे के विरोधी हैं?

मानव को अधिकार है कि वह अपना विकास अनवरत करता रहे, उसे जीने, खाने-पीने, रहने ओर स्वतंत्रतापूर्वक कहीं भी आने-जाने का मौलिक अधिकार है, लेकिन प्रकृति और पर्यावरण का इससे क्या वास्ता?

ये और ऐसे ही बहुत सारे प्रश्न हैं, जो विकास के अधिकार और पर्यावरण को हमारे अस्तित्व के समीकरण के साथ जोड़ते हैं।

विकास मनुष्य का जन्मसिद्ध अधिकार है। लेकिन मनुष्य का ही क्यों? प्रकृति के अन्य घटकों - जीव-जन्तुओं, पेड़-पौधों, हवा-पानी का भी जन्मसिद्ध अधिकार क्यों नहीं?

हमारे देश में एक ओर 'सर्वेसंतु सुखिनः सर्वेसंतु निरामयाः' - वाली आध्यात्मिक दार्शनिक - सांस्कृतिक धारा प्रवाहित रही है, तो दूसरी ओर 'ऋणं कृत्वा घृतं पिबेत्' को आदर्श मानने वाली चार्वाक दर्शन की भौतिकतावादी धारा!

चार्वाक के नाम से एक श्लोक अत्यन्त प्रसिद्ध है, जो उस भौतिकतावादी दृष्टि को सामने लाता है -

यावज्जीवेत् सुखम् जीवेत् ऋणं कृत्वा घृतं पिबेत्।
भस्मी भूतस्य देहस्य पुनरागमनं कुतः ।।

देह भस्मीभूत है, नश्वर है, नष्ट हो जाएगी। न काई पहले जन्म होता है और न बाद में। एक बार आ गए सो आ गए। जब तक जीओ, सुखपूर्वक जीओ। खाओ, पीओ और मौज कारे। ऋण लेकर भी घृत पीओ!

यह दृष्टि किसी भी 'परलोक' की कल्पना नहीं करती। जो है यहीं है। इस दृष्टि के लोग कहते है कि स्वर्ग-नर्क, पुनर्जन्म अथवा मोक्ष की बातें शुद्ध

कल्पनाजन्य हैं। इसलिए इनकी कामना के लिए किए गए जप-तप, ध्यान-योग, दान-पुण्य आदि सब किसी न किसी मोह, लाभ अथवा भ्रमवश किए जाते हैं इनका कोई ठोस आधार नहीं होता।

ध्यान रखना चाहिए कि **चार्वाक दर्शन** यहीं आकर नहीं रुक जाता। जो लोग इस दर्शन के केवल 'ऋणं कृत्वा घृतं पिबेत्' - को ही अपने लिए वरेण्य आदर्श वाक्य मानते हैं, उन्हें यह नहीं भूल जाना चाहिए कि इस दर्शन ने प्राकृतिक शक्तियों (महाभूतों) में विश्वास करते हुए इन्हीं 'भूतों' के संघटन से चैतन्य की उत्पति व्याख्यायित की है। चार्वाकवादियों ने सृष्टि का रहस्य समझाते हुए 'वैज्ञानिक' दृष्टि अपनाई है। वे कहते हैं कि सृष्टि स्वयमेव होती है। पृथ्वी, जल, अग्नि, वायु तथा आकाश (पंच भूत) अपने आप में पर्याप्त समर्थ हैं। वर्षा के बाद स्वयमेव विलुप्त भी होते रहते हैं। प्राकृतिक शक्तियों के घात-प्रतिघात से 'चैतन्य' अपने आप प्रकट हो जाता है। यह ठीक है कि ये लोग प्राकृतिक संसार से परे किसी रहस्यमय शक्ति में विश्वास नहीं करते, किन्तु यह भी सच है कि वे प्रकृति/पर्यावरण और उसके घटकों (पृथ्वी, जल, वायु और ऊष्मा (तेज) के प्रति सर्वाधिक सचेत हैं। यहां तक कि स्मरणशक्ति को भी इन्हीं घटकों ('भूतों') के संघटन का चमत्कार मानते हैं। अतः हम यह कहें कि हमारा विवेक, हमारी बुद्धि, हमारी स्मृति-सब कुछ हमारे पर्यावरण पर, प्रकृति के इन चार तत्त्वों पर आधृत है - पृथ्वी, जल, वायु और ऊष्मा।

आचार्य बृहस्पति के सूत्रों में चार्वाक मत का अच्छा प्रतिपादन मिलता है। इन सूत्रों के अनुसार मुख्य तत्त्व चार हैं - पृथ्वी, जल, तेज और वायु।

- "तत्समुदाये शरीरेन्द्रिय विषय संज्ञा।" (इन्हीं भूतों के संघटन का नाम शरीर, इन्द्रियां, विषय आदि हैं।
- "तैम्यश्चै तन्मयम्।" (चेतना, इसी संघटन से संभव है।)
- "भूतान्येवचेतयन्ते।" (भूत/महाभूत ही चेतना के कारक हैं।)
- "चैतन्य विशिष्ट : कामः पुरुषः।" (चैतन्ययुक्त शरीर ही आत्मा हैं।)
- "परलोकिनोऽभावात् परलोकभावः।" (परलोक में रहनेवाला कोई नहीं है, अतः परलोक कहीं नहीं है।)
- "मरणोवापवर्गः" (मरण ही मोक्ष है।)
- "प्रत्यक्षेव प्रमाणम्।" (प्रत्यक्ष ही प्रमाण है।")

इस स्थिति की व्याख्या **हरिश्चन्द्र व्यास** बहुत सटीक ढंग से करते हैं। वे कहते हैं, "जब आप निषेध को इस सीमा तक ले जाओ कि "न परलोक

है और न मोक्ष'' तथा इसकी पुष्टि में तर्क देते रहो, तो काई सन्देह नहीं रह जाता कि आप अपने मत के प्रति एकदम स्पष्ट एवं दृढ़ संकल्पित हैं। परलोक की सत्ता नहीं होने का मतलब इस लोक की सत्ता की वृद्धि से है। यह लोक आखिर क्या है? वही पंच महाभूतों का जमघट जो कहीं नदी, पहाड़, घाटियों और वनों के रूप में सामने आता है तो कहीं पशु, पक्षी, वनस्पति एवम् मानव देहधारियों के रूप में रूपायित होता है। चार्वाक 'प्रभु' से मान्यता को हटाकर प्रकृति को देते हुए लगते हैं। उनके लिए प्रकृति परम सत्य है - अतः प्रकृति का सही दोहन मनुष्य को सुख देता है। प्रकृति की पूजा ही सही पूजा है।'' *(देखें संस्कृति एवं पर्यावरण, 1993, पृष्ठ-40)*

कहने का अर्थ यह है कि चार्वाक की चरम भौतिकतावादी दृष्टि, जो आज के युग में केवल उपभोग के सूत्र तक सीमित मानली गई है, वह भी प्रकृति या पर्यावरण और उसके घटकों का समादर करती दिखाई देती है। इनके बिना मानव - अस्तित्व की कल्पना नहीं की जा सकती और इस सूत्र को आगे बढ़ायें तो इनके असन्तुलन से हमारा अस्तित्व संकट में पड़ सकता है।

पत्रकार और चिन्तक **राजकिशोर** *'मानव अधिकारों के भविष्य'* के सन्दर्भ में एक बहुत अच्छी बात कहते हैं, जो हमारे उपर्युक्त चार्वाकीय दर्शन के निष्कर्ष को आगे बढ़ाती लगती है। वे कहते हैं: ''बिना अधिकारों के मनुष्य की ही नहीं, किसी भी प्राणी की कल्पना नहीं की जा सकती। कोई भी प्राणी संसार में अपनी इच्छा से नहीं आता। वह एक विशिष्ट भौतिक - जैविक परिस्थिति की उपज होता है। इस परिस्थिति में ही उसके अधिकार अन्तर्निहित होते हैं। जैसे एक पेड़ का अधिकार है कि वह हवा और धूप से अपनी पोषण सामग्री खींच सकता है, उसी तरह हिरण को भी उस पेड़ के पत्ते खाने और व्याघ्र को उस हिरण का मांस खाने का अधिकार है। यह अधिकार न कोई किसी को देता है और न कोई किसी से पाता है। यह तो नैसर्गिक यानी अस्तित्वगत अधिकार है।'' *(मानव अधिकारों का संघर्ष, 1995, पृष्ठ - 165)*

लेकिन इससे आगे मनुष्य की स्थिति है। वे इस स्थिति को रेखांकित करते हुए तर्क देते हैं, ''इसी अधिकार से मनुष्य के लिए यह उचित है कि वह पेड़ के पत्ते, फूल या फल खाये। क्या उसे हिरण या व्याघ्र का मांस खाने का भी अधिकार है? इस बारे में निश्चयपूर्वक कुछ नहीं कहा जा सकता। एक मत यह होगा कि चूँकि मनुष्य का काम शाकाहार से चल जा सकता है। अतः उसे मांस नहीं खाना चाहिए। यह अनावश्यक हिंसा है और अनावश्यक हिंसा से

बचकर ही हम अपने मानव-समाज में यह मूल्य फैला सकते हैं कि सिर्फ लोभ या स्वाद के लिए हिंसा नहीं होनी चाहिए। लेकिन जिस भौगोलिक परिवेश में पर्याप्त वनस्पतियां नहीं उगतीं, वहाँ का मनुष्य क्या करे ? आदर्श तो यही होगा कि वह निरर्थक जीवहत्या से बचने के लिए अनुकूल जलवायु वाले क्षेत्र की ओर प्रयाण करे। लेकिन किन्हीं कारणों से यदि यह संभव नहीं हो पाता, तो हमें मांसाहार को स्वीकृति देनी होगी। बहरहाल, शाकाहार बनाम मांसाहार अभी तक तो निजी रुचि का ही मामला है क्योंकि अधिकारों की हमारी चेतना अभी इतनी विकसित नहीं हो सकी है कि अन्य प्राणियों के जीवन के अधिकार को मान्यता मिल सके। इस दिशा में सिर्फ इतनी प्रगति हुई है कि पशुओं के साथ क्रूरता को अब सार्वजनिक तौर पर पसन्द नहीं किया जाता । यह क्रूरता रोकने के लिए अनेक देशों में कानून बनाए गए हैं। लेकिन हमारी चेतना का अभी इतना विकास नहीं हुआ है कि हम पशुओं को पालतू बनाने या सरकस में उनसे काम लेने या उनका दूध पीने के लालच से बच सकें। पशु कई तरह से बाधाग्रस्त होता है। इसलिए वह अपने अधिकारों के लिए लड़ नहीं सकता। लेकिन मनुष्य की स्थिति भिन्न है। वह अपनी ही प्रजाति के दूसरे सदस्य के सामने बहुत अधिक समय तक असहाय नहीं रह सकता। वह विद्रोह करेगा और अपनी सहज मानवीय नियति प्राप्त करके रहेगा। यही मनुष्यता का इतिहास है और यही उसका भविष्य।'' *(वही, पृष्ठ - 166)*

तो क्या पेड़-पौधे, जल, वायु और मानवेतर प्राणियों को उनके अपने हाल पर छोड़ दिया जाय? हमारी चेतना का विकास जब तक इतना नहीं हो जाता कि हम उन मूक पर्यावरणीय घटकों के पक्ष में सोच सकें या आवाज उठा सकें, तब तक वे नष्ट होते रहें? जी, नहीं।

हमें चाहिए कि हम अपने विकास के लिए, इनको नष्ट न करें। स्वार्थ प्रेरित होकर ही सही, इनको अपने सुख के लिए बचाए रखें। और यह तभी होगा, जब, जैसा कि **राजकिशोर जी** ने कहा; हमें अपनी चेतना का विकास इनके पक्ष में सोचने के लिए करना ही होगा।

हम अपनी प्राचीन संस्कृति से क्यों नहीं सीखते? कुछ अच्छी बातें तो हमें अदिवासियों से भी सीख लेनी चाहिए। पर्यावरणीय संतुलन की शिक्षा उन्हें किसी ने नहीं दी। अपने अस्तित्व को बचाए रखने के लिए परिस्थितियों ने ही उन्हें सब कुछ सिखा दिया है।

एक बहुत ही प्रेरक और प्रकृति के साथ सहज मानवीय रिश्ते का अनूठा

उदाहरण इस घटना में देखें। एक बहुत पुराने पत्र में इस घटना का उल्लेख मिलता है। घटना सन् 1854 की है। तब अमरीका से तत्कालीन राष्ट्रपति **फ्रैंकलिन पियर्स** ने अमरीका के मूल निवासी रैड इंडियन्स से बची-खुची भूमि का एक हिस्सा खरीदने का प्रस्ताव उनके मुखिया **शिएटल** के सम्मुख रखा। इस प्रस्ताव से आहत होकर मुखिया **शिएटल** ने जो पत्र लिखा वह यह था –

"आकाश को धरती की गरमाहट को आप कैसे खरीद या बेच सकते हैं? हमारे लिए तो यह विचार ही बड़ा विचित्र है! जब हवाओं की ताज़गी और पानी की चमक के स्वामी हम नहीं तो आप भला उसे हमसे खरीदेंगे कैसे?

मेरे लोगों के लिए इस भूमि का प्रत्येक हिस्सा पवित्र है। चीड़ की चमकदार सुईनुमा पत्तियाँ, हर रेतीला किनारा, घने जंगलों के भीतर की धुंध, गुनगुनाते कीट-पतंगे, मेरे पूर्वजों के अनुभव में पवित्र हैं। वृक्षों के भीतर बहते हुए रस में रैड इंडियनों की स्मृतियां समाहित हैं।

मृत्यु के बाद जब गोरे सितारों की दुनिया में जाते हैं तो अपनी मातृभूमि को भूल जाते हैं। हमारे लोग इस खूबसूरत जमीन को मरने के बाद भी नहीं भूलते, क्योंकि यह रैड इंडियनों की माँ है। हम इसी भूमि का एक हिस्सा हैं और ये हमारा ही एक अंग। ये सुगंधमय पुष्प हमारी बहनें हैं ओर हिरन, घोड़े और विशालकाय बाज हमारे भाई। चट्टानी शिखर, बुग्यालों में बहती जलधाराएं, टापू के जिस्म की गर्माहट और आदमी, इन सभी का सम्बन्ध एक ही परिवार से है।

ऐसे में जब वाशिंगटन से बड़ा मुखिया (राष्ट्रपति) संदेश भेजता है कि वह हमारी भूमि खरीदने का इच्छुक है तो वह हमसे बहुत बड़ी माँग कर रहा है। बड़ा मुखिया कहता है कि वह हमारे लिए स्थान सुरक्षित करवा देगा ताकि हम चैन से रह सकें। वह हमारा पिता होगा और हम उसके पुत्र। हम उसकी मांग के बारे में विचार करेंगे परन्तु यह इतना सरल न होगा क्योंकि यह भूमि हमारे लिए पवित्र है।

इन नदियों में बहने वाला चमकीला पानी सिर्फ पानी मात्र नहीं मेरे पूर्वजों का रक्त है। यदि हम तुम्हें यह भूमि दे भी देते हैं तो याद रखना होगा कि यह भूमि हमारे लिए कितनी पवित्र है। तुम्हें अपने बच्चों को यह पढ़ाना ही होगा कि ये पवित्र भूमि है और यह भी कि झीलों के साफ पानी में नजर आने वाली रहस्मयी छायाएं हमारे लोगों के जीवन की घटनाओं और स्मृमियों को बयान करती हैं। बहते हुए जल की किलकिलाहट दरअसल मेरे पिता के पिता की आवाज है।

हम जानते हैं कि गोरा आदमी हमारे तौर-तरीकों को नहीं समझ सकता उसके लिए तो भूमि का एक हिस्सा जमीन के किसी दूसरे टुकड़े जैसा ही है, क्योंकि वह विदेशी है और रात के घने अंधेरे में इस भूमि से जो चाहे ले जा सकता है। जमीन से उसका कोई रिश्ता नहीं बल्कि जमीन तो उसकी दुश्मन है, जिसे जीतकर वह आगे बढ़ता जाता है। पीछे छूटती जाती हैं उसके पिताओं की कब्र और वो परवाह भी नहीं करता। गोरा आदमी अपने ही बच्चों की जमीन छीन लेता है। उसके पिता की कब्र और बच्चों के अधिकार सब भुला दिए गए हैं। वो अपनी माँ से-अपनी जन्मभूमि से और अपने भाई से-इस आकाश से, ऐसे व्यवहार करता है जैसे वे भेड़ों या चमकदार मोतियों की तरह खरीद-फरोख्त की चीजें हैं। गोरे आदमी की यह भूख किसी वहशी जानवर की तरह इस धरती को खा जायेगी और पीछे रह जायेगा सिर्फ रेगिस्तान।

मैं नहीं जानता, हमारे तौर-तरीके तुमसे अलग हैं। तुम्हारे नगरों को देखने भर से ही रैड इंडियन की आंखों में पीड़ा होने लगती है। शायद ऐसा इसलिए कि रैड इंडियन जंगली हैं और समझ नहीं सकते।

गोरे आदमियों के नगरों में कोई भी जगह शान्त नहीं। ऐसा कोई स्थान नहीं कि बसन्त में जहाँ कोंपलों के फूटने की ध्वनि को सुन सकें या फिर पतंगों के पंखों की भरभराहट ही। शायद ऐसा इसलिए हो कि मैं ठहरा नासमझ जंगली। फिर भी, नगरों की कर्कश आवाजें कानों का अपमान - सा करती महसूस होती हैं। इस जीवन में रखा ही क्या है अगर आदमी को सुनने को न मिले पंछियों की बोली या रात को तलैया के आसपास मेंढकों की बहसबाजी। रैड इंडियनों को प्रिय है तालाबों की सतह पर ठुमकती हवाओं की कोमल आवाजें, और प्रिय है हवाओं की अपनी खुशबू, दोपहर की बारिश में नहाई हुई और चीड़ के वनों के इत्र सराबोर, हवाओं की खुशबू।

हमारे लिए हवाओं का बहुत महत्त्व है। जानवर, पेड़ और आदमी, ये सभी एक ही हवा में सांस लेते हैं। गोरा आदमी उस हवा की तरफ ध्यान नहीं दे पाता जिसमें वो सांस लेता है। लम्बे अरसे से मृत्युशय्या पर पड़े किसी आदमी की तरह वह हवाओं की गंध को समझने से परे है। परन्तु यदि हम तुम्हें अपनी जमीन बेच देते हैं तो तुम्हें याद रखना होगा कि हवा हमारे लिए बहुमूल्य है, और कि हवाएं अपना सत् जीवन को अर्पित करती हैं जो कि उन्हीं के सहयोग से जीवंत है। इसी हवा ने तुम्हारे पिता के पिता को जीवन की पहली सांस दी और उनकी आखिरी सांस को समटा भी। यदि हम तुम्हें यह जमीन बेचते हैं तो इसे

सुरक्षित और पवित्र बनाए रखना, एक ऐसा स्थान है कि जहाँ गोरा आदमी भी बुग्यालों की बहारों में मीठी बन गयी हवाओं का स्वाद ले सके। हमारी भूमि खरीदने के तुम्हारे प्रस्ताव पर हम विचार करेंगे।

यदि हम तुम्हारे प्रस्ताव को स्वीकार कर लेते हैं तो मेरी यह शर्त होगी कि गोरे इस भूमि के वन्य जन्तुओं से भाइयों के समान व्यवहार करेंगे। मैं तो जंगली हूँ और वीरान तप्पड़ों में सड़ रहे उन हजारों भैसों के बारे में किसी दूसरे तरीके से सोच भी नहीं सकता जिन्हें जंगलों से गुजरती रेलगाड़ियों से गोरों ने अपनी गोलियों का निशाना बनाया। मैं तो जंगली हूँ और नहीं समझ पाऊँगा कि धुंआ उगलने वाला लोहे का घोड़ा किसी भैंस से ज्यादा महत्त्वपूर्ण कैसे हो सकता है जिसका कि हम केवल जिन्दा रहने भर के लिए शिकार करते हैं।

वन्य जीवों के बिना मनुष्य का अस्तित्व ही कहाँ है? यदि ये सभी जानवर समाप्त हो जाएं तो आदमी अपने अकेलेपन में ही मर जाएगा। जो कुछ भी इन जन्तुओं के साथ होगा, ठीक वैसा ही आदमी के साथ घटित होगा क्योंकि ये सभी चीजें आपस में जुड़ी हुई हैं।

अपने बच्चों को यह अवश्य बताना कि उनके पैरों के तल की मिट्टी दरअसल हमारे पुरखों की खाक है, ताकि वे इस भूमि का आदर करें। अपने बच्चों को यह बतलाना कि यहाँ की मिट्टी हमारे कुटम्बियों की जिन्दगी से भरी हुई है। अपने बच्चों को वही पढ़ाना जो कि हम अपने बच्चों को पढ़ाते हैं, कि यह धरती हमारी माँ है। धरती के साथ जैसा भी घटित होगा वैसा ही उसके पुत्रों के साथ होगा। जमीन पर थूकने वाले आदमी दरअसल खुद अपने ही ऊपर थूकते हैं।

ये हम जानते हैं कि धरती आदमी की सम्पत्ति नहीं हो सकती, आदमी धरती की सम्पत्ति है। हम जानते हैं कि ये सभी चीजें आपस में जुड़ी हुई हैं। जैसे खून एक परिवार को जोड़ता है ठीक उसी तरह सभी चीजों का एक दूसरे से सम्बन्ध है। इसलिए धरती के साथ जो कुछ भी होगा वैसा ही उसके पुत्रों को भी होगा। जिन्दगी का यह ताना-बाना आदमी का बनाया हुआ नहीं है, वह तो इसका एक धागा मात्र है। इस ताने-बाने के साथ वह जो करेगा, दरअसल अपने ही साथ करेगा।

यहाँ तक कि ये गोरे जिनका भगवान चलता है, बोलता है और उनके साथ दोस्तों की तरह रहता है, इस सामूहिक हश्र से बच नहीं सकते। अंततः हम भाई ही तो हैं और यह वक्त साबित भी करेगा। एक बात हम जानते हैं और जिसे

एक दिन गोरे भी समझेंगे कि हमारा और उनका भगवान एक ही है। फिलहाल तुम मानते रहो कि भगवान पर सिर्फ तुम्हारा ही अधिकार है, जैसे कि तुम हमारी भूमि पर अधिकार करना चाहते हो; पर कर नहीं पाओगे। वो मनुष्यों का भगवान है। उसकी दया रैड इंडियनों और गोरों पर एक समान है। ये धरती उसको अति प्रिय है। इस धरती को नुकसान पहुँचाना इसके बनाने वाले की अवमानना करना है। गोरों का वक़्त भी खत्म हो जायेगा, शायद बाकी सभी कबीलों से पहले। अपने बिस्तर को गंदा करोगे तो किसी रात अपनी ही गंदगी में घुटकर दम तोड़ दोगे।''

(उद्धृत, *'चिट्ठी'* गढ़वाली पत्रिका, *अंक-फरवरी, 1994*, में **सुनील कैंथोला**-द्वारा The Sacred Earth (1992), Social Change. 22:1:3.5 से किया गया अनुवाद, पृष्ठ-7)

सच्चिदानन्द पांडे बनाम पश्चिम बंगाल राज्य (१९८७) नामक वाद में चिड़ियाधर के निकट ताजग्रुप का होटल बनाने पर इस आधार पर आपत्ति की गई कि इससे प्राकृतिक पर्यावरण में असंतुलन पैदा होगा। न्यायमूर्ति **चिनप्पा रेड्डी** ने इस बाद के निर्णय में अमरीका की इस घटना का विस्तृत उदाहरण दिया।

इसे पर्यावरण का सर्वप्रथम और सर्वाधिक सुन्दर वक्तव्य माना जा सकता है।

हमें इस तथ्य में संदेह नहीं करना चाहिए कि : मनुष्य नैतिक है, क्योंकि वह विवेकशील है। यह ब्रह्माण्ड अपने में ही अंतर्निहत विधियों से नियमित एक नैतिक व्यवस्था है। मनुष्य इसी पृष्ठभूमि में जन्म लेता है। इसलिए निश्चय ही वह अपने अधिकारों के साथ दूसरों के अस्तित्व के प्रति भी नैतिक दृष्टि अपनाएगा। विकास के इस अधिकार को पर्यावरण के संतुलन के साथ जोड़ कर सहअस्तित्व के महत्त्व को समझेगा।

6

मानव अधिकार, संविधान, कानून और पर्यावरण-संतुलन

मानव अधिकारों की श्रृंखला बहुत लम्बी है। ज्यों-ज्यों मानव चेतना का विकास हो रहा है, मानव अपने लिये नए-नए अधिकारों की माँग करता जा रहा है। तदनुसार कानूनों में परिवर्तन-परिवर्द्धन भी होता चला जा रहा है। यह सामाजिक विकास की एक सहज प्रक्रिया है। भौतिक और वैचारिक दोनों स्तरों पर मनुष्य की श्रेष्ठता विकास से जुड़ी है।

औद्योगिक विकास और पर्यावरण संतुलन के संदर्भ में पश्चिमी बंगाल राज्य के **न्यायमूर्ति चिनप्पा रेड्डी**-द्वारा *सच्चिदानन्द पांडे बनाम पश्चिम बंगाल राज्य (1987)* मुकदमे के निर्णय में की गई टिप्पणी पर्यावरण पर सर्वप्रिय और सर्वाधिक सुन्दर वक्तव्य मानी जा सकती है। इसमें उन्होंने वाशिंगटन के श्वेत प्रमुख के रैड इंडियन्स के अश्वेत प्रमुख **शिएटल** से जमीन खरीदने के प्रस्ताव पर लिखे पत्रांश को उद्धृत किया है। उद्धृत अंश है - "आप भूमि की ऊष्मा को, आसमान को कैसे खरीद या बेच सकते हैं?" इसके बाद न्यायमूर्ति रेड्डी ने पर्यावरण की रक्षा के महत्त्व पर मर्मस्पर्शी भाषण देते हुए कहा था कि यदि आदमी रेगिस्तान को नखलिस्तान में बदलता रहा, तो वह नखलिस्तान को रेगिस्तान भी बनाता रहा है। लेकिन पाँच सितारा होटन के निर्माण के खिलाफ की गई अपील को इस आधार खारिज कर दिया गया कि सरकार जमीन का आवंटन करते समय पर्यावरण की समस्या के प्रति पूरी तरह जागरूक रही है। भारतीय संविधान में मानव के मौलिक अधिकारों का बहुत अच्छी तरह समावेश किया गया है। न्याय, स्वंत्रता, समता और बंधुत्व की चर्चा करते हुए इस पवित्र ग्रंथ में बिल्कुल आरम्भ में ही यह 'उद्देशिका' (Preamble) अंकित की गई है -

"हम, भारत के लोग, भारत को एक **संपूर्ण प्रभुत्व-सम्पन्न समाजवादी**

पंथनिरपेक्ष लोकतंत्रात्मक गणराज्य बनाने लिए, तथा उसके समस्त नागरिकों को : सामाजिक, आर्थिक और राजनैतिक **न्याय**,
विचार, अभिव्यक्ति, विश्वास, धर्म
और उपासना की **स्वतंत्रता**,
प्रतिष्ठा और अवसर की **समता**
प्राप्त करने के लिए,
तथा सब में
व्यक्ति की गरिमा और राष्ट्र की एकता
और अखंडता सुनिश्चित करने वाली **बंधुता**
बढ़ाने के लिए दृढ़संकल्प होकर अपनी इस **संविधान सभा** में आज तारीख 26 नवंबर, 1949 ई0 (मिति मार्गशीर्ष शुक्ला सप्तमी, संवत् दो हजार छह विक्रमी) को एतदद्वारा इस संविधान को "अंगीकृत, अधिनियमित और आत्मार्पित करते हैं।"

जैसा कि सब जानते हैं समाज में शान्ति रखने तथा समाज के हर एक सदस्य के सुक्षित एवं संतोषजनक जीवन-यापन के लिए हर सरकार अनेक उपाय करती है। इसके लिए मुख्य रूप से तीन अंग है – विधायिका, कार्यपालिका और न्यायपालिका। विधायिका का कार्य समाज को संविधान और कानून बनाकर देना है, जो जनता की सामूहिक भावना को व्यक्त करता है। कार्यपालिका का काम इस संविधान और कानून को लागू करना है। न्यायपालिका का काम अपराधियों को उचित दंड देना है और संविधान एवं कानून के सही पालन की निगरानी करना है।

इन तीनों के समुचित समन्वय से ही संविधान और कानून अपने सही रूप में लागू हो पाता है और इस प्रकार उस समाज में सुख, शांति, सुरक्षा और विकास की प्रक्रिया अबाध रूप में चलती है। इससे समाज के नागरिकों का जीवन निर्भय, सुखपूर्ण तथा प्रसन्नता के साथ स्वस्य दिशा में अग्रसर होता है।

हमारा देश एक प्राचीन और सभ्य देश है। यहां की प्राचीन संस्कृति सदैव से मानव अधिकारों की पोषक रही है। हमारे पूर्वजों-द्वारा निर्दिष्ट समाज दर्शन और समाज व्यवस्था कर्म पर आधृत रही है। इस सब में धर्म का स्थान सहचर और नियामक का रहा है। हमारे पूर्वजों ने इस मानवीय व्यवस्था में मानवअधिकारों की रक्षा को सर्वोपरि स्थान दिया। जब पश्चिम के देशों में और संयुक्त राष्ट्र संध में 40 के दशक के अंतिम चरण में मानवाधिकारों की विश्व घोषणा की मात्र

चर्चा ही चल रही थी, तो हमारे नव स्वतंत्र देश के लिए राज्य का संविधान बनाने वाले युग पुरुष इन अधिकारों को प्राथमिकता देते हुए, संविधान में उनका समावेश कर रहे थे। उन्हें कानून का रूप दे रहे थे।

यहां तक कि मानव अधिकारों के बारे में संयुक्त राष्ट्र संघ की कुछ घोषणाएं तो हमारे संविधान के लागू हो जाने के 16 वर्ष बाद हुईं। जबकि हम देखते हैं इनकी झलक हमारे 1949 में निर्मित संविधान में पहले से ही मौजूद है। इससे स्पष्ट हो जाता है कि भारत अपने प्राचीन सांस्कृतिक, दार्शनिक आदर्शों पर चलते हुए इस मामले में निश्चय ही सबसे आगे है।

हम मानव अधिकारों की विस्तृत घोषणाएं विश्व मानव अधिकार आयोग की विश्व घोषणा में देख सकते हैं। जहाँ तक भारत के संविधान में मानव अधिकारों का प्रश्न है, बहुत संक्षेप में उनकी रूपरेखा इस प्रकार है-

संविधान के भाग-3 में नागरिकों के मूल अधिकारों का उल्लेख है और भाग-4 में राज्य के नीति-निर्देशक तत्त्व दिए गए हैं।

भाग-3 में निम्नांकित मूल अधिकारों का उल्लेख है -

1. समता का अधिकार (अनुच्छेद 14 से 18)
2. स्वातंत्र्य अधिकार (अनुच्छेद 19 से 22 और 358)
3. शोषण के विरूद्ध अधिकार (अनुच्छेद 23 व 24)
4. धर्म की स्वतंत्रता का अधिकार (अनुच्छेद 25 से 28)
5. संस्कृति और शिक्षा सम्बंधी अधिकार (अनुच्छेद 29 से 30)
6. संवैधानिक उपचारों का अधिकार (अनुच्छेद 32 से 35)

भाग-4 के अंतर्गत राज्य की नीति के निदेशक तत्त्व दिए गए हैं, इन तत्त्वों में से एक महत्त्वपूर्ण तत्त्व पर्यावरण के संदर्भ में इस प्रकार है -

अनुच्छेद 48- **कृषि और पशुपालन का संगठन** - राज्य, कृषि और पशुपालन को आधुनिक और वैज्ञानिक प्रणालियों से संगठित करने का प्रयास करेगा और विशिष्टतया गायों और बछड़ों तथा अन्य दुधारू और वाहक पशुओं की नस्लों के परिरक्षण और सुधार के लिए और उनके वध का प्रतिरोध करने के लिए कदम उठाएगा।

48-क- **पर्यावरण का संरक्षण तथा संवर्धन और वन तथा अन्य जीवों की रक्षा** - राज्य, देश के पर्यावरण के संरक्षण तथा संवर्धन का और वन तथा वन्य जीवों की रक्षा करने का प्रयास करेगा''

इसी से साथ भाग - 4 क में प्रत्येक नागरिक के मूल कर्त्तव्य बनाए गए

हैं, जिनमें 10 कर्त्तव्यों में से 7 वां (क्रमांक - छ) सीधा-सीधा पर्यावरण से सम्बंधित है।

ये मूल कर्त्तव्य इस प्रकार वर्णित हैं -

''भाग - 4 क

मूल कर्त्तव्य

51 क. मूल कर्त्तव्य - भारत के प्रत्येक नागरिक का यह कर्त्तव्य होगा कि वह -

(क) संविधान का पालन करे और उसके आदर्शों, संस्थाओं, राष्ट्रध्वज और राष्ट्रगान का आदर करे;

(ख) स्वतंत्रता के लिए हमारे राष्ट्रीय आंदोलन को प्रेरित करने वाले उच्च आदर्शों को हृदय में संजोए रखे और उनका पालन करे;

(ग) भारत की प्रभुता, एकता और अंखडता की रक्षा करे और उसे अक्षुण्ण रखे;

(घ) देश की रक्षा करे और अह्वान किए जाने पर राष्ट्र की सेवा करे;

(ड़) भारत के सभी लोगों में समरसता और समान भ्रातृत्व की भावना का निर्माण करे जो धर्म, भाषा और प्रदेश या वर्ग पर आधारित सभी भेदभाव से परे हो, ऐसी प्रथाओं का त्याग करे जो स्त्रियों के सम्मान के विरुद्‌ध है;

(च) हमारी सामसिक संस्कृति की गौरवशाली परंपरा का महत्त्व समझे और उसका परिरक्षण करे.

(छ) प्राकृतिक पर्यावरण की, जिसके अंतर्गत वन, झील, नदी और वन्य जीव हैं, रक्षा करे और उसका संवर्धन करे तथा प्राणि मात्र के प्रति दया भाव रखे।

(ज) वैज्ञानिक दृष्टिकोण, मानववाद और ज्ञानार्जन तथा सुधार की भावना का विकास करे;

(झ) सार्वजनिक संपत्ति को सुरक्षित रखे और हिंसा से दूर रहे;

(ञ) व्यक्तिगत और सामूहिक गतिविधियों, सभी क्षेत्रों में उत्कर्ष की ओर बढ़ने का सतत प्रयास करे जिससे राष्ट्र निरंतर बढ़ते हुए प्रयत्न और उपलब्धि की नई ऊंचाईयों को छू ले।''

संविधान के साथ-साथ कुछ कानून भी बनाए गए हैं, जो अधिनियमों के माध्यम से सामने आए। इन अधिनियमों की अवहेलना करने पर व्यक्ति को दण्ड भोगना पड़ता है। हमारे देश के और प्रदेश के कई अधिनियम पर्यावरण संवद्‌ध न तथा वन संरक्षण आदि के लिए समय-समय पर बनाए गए हैं, जिनका अनुपालन करना हम सबका धर्म है। यहाँ हम ऐसे कुछ अधिनियमों की चर्चा कर रहें हैं, जो मनुष्य के अधिकार और कर्त्तव्य के साथ-साथ उसकी पर्यावरण-चेतना

का निदर्शन करते हैं।

(1) संसद ने सन् १९७४ में जल (प्रदूषण निवारण एवं नियंत्रण) कानून पारित किया था। उस समय असम, बिहार, गुजरात, हरियाणा, हिमाचल प्रदेश, जम्मू काश्मीर, कर्नाटक, केरल, मध्य प्रदेश, राजस्थान एवं पश्चिम बंगाल की विधान सभाओं एवं केन्द्र शासित क्षेत्रों ने इसे स्वीकार किया था। अतः उन राज्यों में यह तत्काल लागू हो गया। शेष राज्यों के लिए यह छूट थी कि विधान सभाओं-द्वारा मान्यता मिलने के बाद वे इसे अपने यहाँ लागू कर सकते हैं।

जल (प्रदूषण निवारण एवम् नियंत्रण) अधिनियम, 1974 के अंतर्गत केन्द्रीय एवं राज्य स्तर पर अलग-अलग बोर्ड बनाए गए तथा उन्हें निश्चित अधिकार प्रदान किए गए।

केन्द्रीय जल (प्रदूषण निवारण एवं नियंत्रण) बोर्ड का क्षेत्राधिकार इस प्रकार है: जल प्रदूषण के बारे में केन्द्र सरकार को परामर्श देना, राज्य बोर्डों से समन्वय रखना, प्रदूषण निवारण सम्बन्धी तकनीकी मार्गदर्शन देना, लोगों को इन कार्यों के लिए प्रशिक्षित करना, संचार-साधनों के माध्यम से जन-जागृति का संचरण करना, नदियों, नालों व जलाशयों में शुद्धता के प्रतिमान तय करना एवं प्रदूषण निवारण के राष्ट्रव्यापी उपाय करना। आदि।

राज्य स्तर पर गठित जल (प्रदूषण निवारण एवं नियंत्रण) बोर्ड ऐसे ही कुछ कार्य राज्य स्तर पर करते हैं।

कुल मिलाकर सरकार की चेष्टा यह है कि जल जहाँ भी हो निर्मल रहे, ताकि लोग सुखपूर्वक जीवनयापन कर सकें। सन् 1898 में निर्धारित 'कोड ऑफ क्रिमिनल प्रोसीजर' की धारा-98 के अनुसार कोई भी व्यक्ति किसी जलाशय या कुएँ में जानबूझ कर कोई ऐसी चीज नहीं डाल सकता जो जल को प्रदूषित करे या जल की शुद्धता के प्रतिमान को कुप्रभावित करे। यही बात 1974 के उपरि वर्णित अधिनियम में भी कही गई है। जल के सही प्रवाह में अवरोध पैदा करने अथवा उसे किसी भी रूप में प्रदूषित करने की कार्रवाई भी कानूनी दृष्टि से अपराध मानी गई है। घरों के कूड़े-कचरे अथवा कारखानों के अपशिष्टों को जल की धारा में मिलाने की नीयत से नए रास्ते अथवा नालियां बनाने की बात भी इसी श्रेणी में आती है।

समग्रतः यह कि शुद्ध जल पीने का अधिकार सब को है। यह हमारा जन्मसिद्ध अधिकार है। लेकिन, जल को शुद्ध व पवित्र बनाए रखना भी हमारा पुनीत कर्त्तव्य है।

इस अधिनियम के अनुपालन न करने की दशा में दोषी व्यक्ति के लिए दण्ड का प्रावधान रखा गया है। 1974 के इस जल (प्रदूषण निवारण एवं नियंत्रण) कानून की धारा 33(2) का जो भी व्यक्ति उल्लंघन करेगा उसे तीन माह की सजा अथवा 5 हजार रु. का जुर्माना अथवा दोनों का दण्ड भुगतना होगा। यही नहीं, यदि यह शरारत फिर भी चालू रहती है तो उस व्यक्ति से एक हजार रुपये प्रतिदिन का जुर्माना वसूल किया जा सकता है। न्यायालय प्रथम बार तो उस व्यक्ति को चेतावनी देता है कि वह जल को प्रदूषित न करे और अपने इस कृत्य को रोके, यदि वह इस चेतावनी पर ध्यान नहीं देता और व्यवहार में नहीं लाता तो उसे उक्त प्रावधान के अनुसार दण्ड देना ही होगा।

जल प्रदूषण का मूल अर्थ है जल के मूल चरित्र को बिंगाड़ना। जल-प्रदूषण के लिए निर्धारित दण्ड-विधान इसी उद्‌देश्य के लिए किया गया है जल के मूल चरित्र को बिगड़ने नहीं देना है। वह स्वच्छ रहे, पीने योग्य रहे, मनुष्य तथा अन्य जीव-जन्तुओं के उपयोग के योग्य बना रहे। इस कानून में धाराएँ अनेक हैं। विशेष रूप से उल्लेखनीय हैं धारा-24 से 26 तक, जिनके उल्लंघन का मतलब है उल्लंघनकर्त्ता को कम से कम 6 माह का कारावास। दूसरी बार-तीसरी बार यही गलती करने पर कारावास की अवधि एक-एक वर्ष कर दी जाएगी। व्यक्ति के स्थान पर किसी कारखाने या संस्था आदि पर जल-प्रदूषण का अपराध सिद्‌ध हो जाता है तो उसके अधिकारीगण इस दण्ड के भागी होंगे।

(2) वायु-प्रदूषण की समस्या भी जल-प्रदूषण की तरह भयावह है। शुद्‌ध वायु में सांस लेना मनुष्य-सहित सभी प्राणियों का मौलिक अधिकार है। लेकिन कलकारखानों के धुएँ, वाहनों के धुएँ और शोर, मिलों के अपशिष्ट, नालियों की कीचड़, मृत पशुओं के शव, सड़ी-गली सब्जियों के ढेर आदि से हमारे आसपास की हवा प्रदूषित हो जाती है। जल (प्रदूषण निवारण एवं नियंत्रण) अधिनियम के समान्तर 1981 में एक अन्य अधिनियम वायु-प्रदूषण पर नियंत्रण के लिए भी बनाया गया। इस अधिनियम का नाम वायु प्रदूषण निवारण एवं नियंत्रण अधिनियम 1981 है। जल की भाँति वायु के प्रदूषण को रोकने का कार्य भी केन्द्रीय एवं राज्य स्तर पर गठित बोर्डों को सौंपा गया है तथा उनके अधिकारक्षेत्रों को सुनिश्चित कर दिया गया है। एक बहुत ही सामान्य किन्तु ध्यान देने योग्य उदाहरण है कि इस अधिनियम में यह व्यवस्था है, बोर्ड की अनुमति के बिना कोई भी व्यक्ति ऐसा कारखाना नहीं लगा सकता जिससे

वायु के प्रदूषित होने की आशंका हो। हो सकता है कि ऐसा कारखाना इस अधिनियम के लागू हाने से पूर्व से ही चल रहा हो, ऐसी स्थिति में उसे तीन माह के भीतर उसे बन्द कर देना होगा या फिर अनुमति के लिए आवेदन-पत्र देकर प्रमाणपत्र ले लेना होगा। हाँ, इतना अवश्य है कि उस आवेदन पर बोर्ड की ओर से अंतिम निर्णय नहीं मिल जाता, तब तक उसे चालू रखा जा सकता है। राज्य वायु (प्रदूषण निवारण एवं नियंत्रण) बोर्ड को यह अधिकार भी है कि वह चाहे तो ऐसे कारखने को चालू रखने की अनुमति से इन्कार कर दे।

वायु की शद्धता के अपने निश्चित प्रतिमान हैं। वायु प्रदूषण नियंत्रण के लिए अनेक उपायों में से वाहनों को प्रदूषण रहित होने का प्रमाण-पत्र निर्गत किया जाना भी एक उपाय है। पिछले कुछ वर्षों से सभी वाहनों को 'प्रदूषण-रहित' होने का प्रमाण पत्र लेना अनिवार्य हो गया है। यह प्रमाण पत्र वाहनों से निकलने वाले धुएँ की विधिवत् जाँच करने के उपरान्त निर्गत किया जाता है।

वायु (प्रदूषण निवारण एवं नियंत्रण) अधिनियम की अनेक धाराएँ हैं, जिनमें से धारा-21, 22 तथा 31 "ए" विशेष रूप से उल्लेखनीय हैं। इन धाराओं का अनुपालन न करने की स्थिति में दोषी व्यक्ति या संस्थान के अधिकारियों को डेढ़ वर्ष तक के कारावास का दण्ड दिया जा सकता है। मामला अधिक गम्भीर होने की दशा में ही सजा छह वर्षों के कारावास और उचित आर्थिक दण्ड तक बढ़ाई जा सकती हैं। यदि दोषी व्यक्ति या संस्थान फिर भी नहीं मानता और इन धाराओं का उल्लंघन करता है, तो उस पर पाँच हजार रुपये प्रतिदिन के आर्थिक दण्ड की कार्रवाही की जा सकती है। अपराध की निरन्तरता पर कारावास की अवधि दो वर्ष भी हो सकती है।

संयुक्त राष्ट्र संघ के तत्त्वावधान में जून, 1972 में पर्यावरण पर एक विश्व सम्मेलन आयोजित किया गया था। इस सम्मेलन का मुख्य अभिप्राय अन्य बातों के साथ-साथ वायुमण्डल को प्रदूषण से मुक्त रखना भी था। इसी क्रम में 1981 में पारित वायु (प्रदूषण निवारण एवं नियंत्रण) अधिनियम के अनुसार अनेक आवश्यक कदम उठाए गए।

परिभाषित किया गया कि वायु प्रदूषकों से तात्पर्य उन ठोस, द्रव और गैसीय पदार्थों से है जो वातावरण में अपने घनत्व द्वारा मानव स्वास्थ्य पर प्रतिकूल प्रभाव डाल सकते हैं। हवा में ऐसे तत्त्वों की उपस्थिति को ही वायु-प्रदूषण माना गया। 'स्वचालित वाहनों' की व्याख्या में वे सब वाहन सम्मिलित हैं, जो पेट्रोल जैसे ईंधन को काम में लेकर चलाए जाते हैं अथवा वाष्प-संचालित हैं।

(3) जल और वायु प्रदूषण निवारण एवं नियंत्रण अधिनियमों की भाँति वन्य-जीव (संरक्षण) अधिनियम भी बनाया गया, जो 1972 में बना। इस अधिनियम के अनुसार "पशु" शब्द की व्याख्या में चौपाये, स्तनपायी पशु, पक्षी, मछलियाँ, रेंगने वाले जीव आदि सभी समाहित किये गए हैं। जिन पशु-पक्षियों का वध वर्जित घोषित किया गया है उनकी चमड़ी / खाल, खाल से बने पदार्थ, सींग, बाल, पंख, नख, दन्त, अण्डे और घोंसले तक सुरक्षित रहने चाहिए। यदि कोई भी व्यक्ति इन चीजों को अपने पास रखता है या इनका व्यवसाय करता है तो इसका सीधा-सीधा आशय है कि वह कानून का उल्लंघन कर रहा है।

प्रत्येक राज्य में मुख्य वनसंरक्षक का एक पद है। साथ ही वन्य जीव संरक्षण के सचिव, निदेशक आदि अनेक पदाधिकारी हैं। इन सब का मुख्य कार्य वन्य-जीवन के संरक्षण को बल देना है, ताकि लोग वर्जित पशुओं का वध न कर सकें।

इस अधिनियम के अंतर्गत पाँच प्रकार की अनुसूचियां हैं-

अनुसूची प्रथम में निम्नलिखित पशु-पक्षियों एवं रेंगने वाले जीवों को सम्मिलित किया गया है-

प्रथम अनुसूची

काला हिरण, खरगोश, चीता, लमचित तेंदुआ, समुद्री गाय, सुनहरी बिल्ली, दृढ़लोम हिरण, भारतीय शेर, भारतीय जंगजी गधा, भारतीय भेड़िया, कश्मीरी बारहसिंगा, तेंदुआ, बिल्ली, लाल पांडा, लजीला वानर, वनबिलाव, कस्तूरी मृग, तिब्बती जंगली गधा, जंगली भैंसा, साल तथा गैंडा। पक्षियों में भारतीय सोहन चिड़िया, धनेश, बाज, बटेर, गुलाबी मस्तक वाली बतख, एवं रेंगने वाले जीवों-जलजीवों में मगरमच्छ व घड़ियाल।

कोई भी व्यक्ति प्रथम अनुसूची में उल्लिखित पशु-पक्षियों का शिकार नहीं कर सकता। हाँ, यदि वन्य जीव वार्डन को यह विश्वास हो जाए कि कोई पशु मानव जीवन के लिए खतरा बना चुका है अथवा इतना अक्षम या व्याधि ग्रस्त है कि उसके ठीक होने की संभावना नहीं है, तो वह उस पशु के शिकार की/ वध की अनुमति दे सकता है। लेकिन इसके लिए उसे लिखित में कारण बताने होंगे। यदि कोई व्यक्ति बिना अधिकृति के ऐसे पशु- पक्षियों की खरीद-फरोख्त करता है अथवा उनकी चमड़ी से बने पदार्थ रखता है या बेचता अथवा उनके मांस का भक्षण करता है अथवा करवाता है तो वह भी अपराधी है

इस प्रकार सभी पशुओं-पक्षियों-जलजीवों का वध सर्वथा वर्जित है।

द्वितीय अनुसूची

मोनीटर छिपकली (आगरा), साही, गवल, सूंस, लघु-पुच्छ वानर, टोपीधारी लंगूर, उड़ने वाली गिलहरी, हिमालयन भूरे भालू, भारतीय हाथी, तिब्बती हिरण, जल गिलहरियां, जंगली कुत्ता, जंगली याक, तेंदुआ, नीलगिरी लंगूर और अजगर।

तृतीय अनुसूची

जंगली सुअर, चिंकारा, चीतल, नीलगाय, चार सींगों वाला हिरण, हिमालयन साकिन, पाढ़ा, सांभर, तिब्बती भेड़िया, जंगली सुअर।

चतुर्थ अनुसूची

पशुओं में रेगिस्तानी बिल्ली, रेगिस्तानी लोमड़ी व खरगोश, लाल लोमड़ी, तिब्बती लोमड़ी, ऊदबिलाव तथा पक्षियों में वसन्त, रूस्तक, नीलचिड़ी, तिलोर, सारस, बतख, बाज, तीतर, मक्खीमार, हंस, कलहंस, राजहंस, उल्लू, और बटेर।

द्वितीय, तृतीय एवं चतुर्थ अनुसूची के पशु-पक्षियों का शिकार केवल लाइसेंस धारक व्यक्ति एक विशेष विधि-व्यवस्था के अंतर्गत कर सकते हैं। लाइसेंस धारियों को यह आवश्यक है कि घातक कीड़े मकोड़ों को छोड़कर जिन भी पशु-पक्षियों का शिकार किया जाए उनका ब्यौरेवार विवरण अपने पास रखें। मुख्य वन अधिकारी, यदि किसी पशु-पक्षी को मानव जीवन के लिए खतरा मानता हो तो उसे लिखित में कारण बताते हुए शिकार की अनुमति देने का अधिकार है।

पंचम अनुसूची

साधारण कौए, लोमड़ियां, गीदड़, चूहे एवं चमगादड़।

सरकार अपनी अधिसूचना-द्वारा कभी भी किसी क्षेत्र को अभयारण्य अथवा राष्ट्रीय उद्यान घोषित कर सकती है, ताकि वन्य-जीवों का शोषण न हो और उनका संरक्षण एवं संवर्द्धन हो सके।

याद रखना चाहिए कि लाइसेंसधारी व्यक्ति भी यदि विधिसम्मत व्यवस्थाओं का उल्लंघन करता है, तो उसे दो वर्ष तक का कारावास अथवा दो हजार रुपयों का अर्थ दण्ड अथवा दोनों सजाएँ एकसाथ दी जा सकती हैं, लेकिन यदि उसने प्रथम अनुसूची के प्राणी का वध किया है अथवा राष्ट्रीय उद्यान / अभयारण्य में बसने वाले पशुओं का शिकार किया है, तो वह छह माह से लेकर छह वर्ष तक की सजा और आर्थिक दण्ड का भागी है।

4. अब हम महत्त्वपूर्ण अभयारण्य अधिसूचना-विषयक प्रावधानों का विस्तारपूर्वक अवलोकन करेंगे।

अभयारण्य, राष्ट्रीय उपवन तथा आखेट के लिए प्रतिषिद्ध क्षेत्र अभयारण्य

18. अभयारण्य की घोषणा

(1) राज्य सरकार, अधिसूचना द्वारा, किसी आरक्षित वन में समाविष्ट किसी क्षेत्र से भिन्न किसी क्षेत्र, राज्यक्षेत्रीय सागरखंड को अभयारण्य गठित करने के अपने आशय की घोषणा कर सकेगी यदि वह यह समझती है कि ऐसा क्षेत्र वन्यजीव या उसके पर्यावरण के संरक्षण, संवर्धन या विकास के प्रयोजन के लिए पर्याप्त रूप से पारिस्थितिक, प्राणीजात, वनस्पतिजात, भू-आकृति-जात, प्राकृतिक या प्राणी विज्ञान-जात महत्त्व का है।

(2) उपधारा (1) में निर्दिष्ट अधिसूचना में, यथासंभव निकटतम रूप से, ऐसे क्षेत्र की स्थिति और सीमाएं विनिर्दिष्ट की जाएंगी।

स्पष्टीकरण -

इस धारा के प्रयोजनों के लिए, क्षेत्र को सड़कों, नदियों, टीलों या अन्य सुज्ञात या सरलता से बोधगम्य सीमाओं से वर्णित करना पर्याप्त होगा।

टिप्पणी -

जिन आदेशों में न्याय व्यवस्था न हो उन्हें निरस्त किया जा सकता है: आदेश पारित होने से पूर्व याचिकाकार अपने घर परिवार के साथ नोटिसों में वर्णित क्षेत्र के भीतर रह रहे थे और उनके पास कृषि योग्य भूमि भी थी। विवादित आदेशों को जहां जारी किया गया है वहां वन्यजीव अभयारण्य (संरक्षण) अधिनियम, 1972 जिनके अधीन अधिनियिम की धारा 18 के उपबंध अनुसार अभयारण्य की घोषणा हो सकती है, के उपबन्धों के अधीन ऐसा किया गया है। रिकार्डो में यह पाया गया है कि अधिनियम की धारा 18 के तहत विकास आयुक्त, पदेन सचिव, मिज़ोरम सरकार द्वारा 20 जनवरी 1976 को एक अधिसूचना जारी की गई जिसमें उस अधिसूचना में दिए गए क्षेत्र को दम्पा वन्यजीव अभयारण्य घोषित किया गया। ऐसा लगता है कि प्रतिवादियों ने अधिनियम के अध्याय - 4 के किसी भी उपबंध का अनुसरण नहीं किया। यह सच है कि प्रतिवादी अधिनियम की धारा - 18 के तहत किसी भी क्षेत्र को अभयारण्य घोषित कर सकते है किन्तु ऐसा केवल तभी किया जा सकता है जब अधिनियम में निहित उपबंधों का अनुसरण किया गया हो। प्रतिवादी अधिनियम के अध्याय 4 में निहित उपबंधों के अनुसार घोषित अभयारण्य के

भीतर आने वाले क्षेत्र से लोगों को बेदखल कर सकते हैं। आदेशों के पारित करनें में प्रतिवादियों द्वारा इनमें से किसी भी बात का अनुसरण किया गया प्रतीत नहीं होता जिसका याचिकाकारों पर प्रतिकूल प्रभाव पड़ रहा है। अत: विवादित आदेश कानून में कायम रखने योग्य नहीं है और तदनुसार उसको निरस्त किया जाना चाहिए।

19. अधिकारों का अवधारण कलक्टर द्वारा किया जाना-

जब किसी क्षेत्र को धारा 18 के अन्तर्गत अभयारण्य अधिसूचित किया जाता है तब कलक्टर उस अभयारण्य की सीमाओं के भीतर समाविष्ट भूमि में या उस पर किसी व्यक्ति के अधिकारों के अस्तित्व, प्रकृति और विस्तार के बारे में जांच करेगा और उन्हें अवधारित करेगा।

20. अधिकारों के प्रोद्भवन का वर्जन-

धारा 18 के अधीन अधिसूचना निकाले जाने के पश्चात् ऐसी अधिसूचना में विनिर्दिष्ट भूमि में, पर या उसके सम्बन्ध में कोई अधिकार वसीयती, निर्वसीयती उत्तराधिकारी के सिवाय अर्जित नहीं किया जाएगा।

21. कलक्टर द्वारा उद्घोषणा-

जबकि धारा 18 के अधीन कोई अधिसूचना निकाली जा चुकी हो, तब कलक्टर उसके प्रत्येक नगर और ग्राम में या उसमें समाविष्ट क्षेत्र के आसपास प्रादेशिक भाषा में एक उद्घोषणा प्रकाशित करेगा जिसमें :-

(क) प्रस्थापित अभयारण्य की यथासंभव निकटतम रूप से स्थिति और सीमाएं विनिर्दिष्ट होगी,

और -

(ख) धारा 19 में वर्णित किसी अधिकार का दावा करने वाले किसी व्यक्ति से यह अपेक्षा की जाएगी कि ऐसा उद्घोषणा की तारीख से दो मास के भीतर वह विहित प्रारूप में लिखित रूप में दावा करे जिससे ऐसे अधिकार की प्रवृति और विस्तार और उसके साथ उसके बारे में दावाकृ प्रतिकर, यदि कोई हो, के आवश्यक ब्यौरे और उसकी रकम और विशिष्टियां विनिर्दिष्ट होंगी।

22.कलक्टर द्वारा जांच -

कलक्टर, दावेदार पर विहित सूचना की तामीली करने के पश्चात्-

(क) अपने सामने धारा 21 के खण्ड (ख)के अधीन किए गए दावे के बारे में, और

(ख) उन अधिकारों के अस्तित्व के बारे में, जो धारा 19 में वर्णित और धारा 21 के खण्ड (ख) के अधीन दावाकृत नहीं है।

वहां तक शीघ्रता के साथ जांच करेगा, जहां तक कि वे राज्य सरकार के अभिलेखों और उससे परिचित किसी व्यक्ति के साक्ष्य से अभिनिश्चत किए जा सकते हों।

23. कलक्टर की शक्तियां -

ऐसी जांच के प्रयोजन के लिये कलक्टर निम्नलिखित शक्तियों को प्रयोग कर सकेगा, अर्थात् -

(क) किसी भूमि में या पर प्रवेश करने और उसका सर्वेक्षण करने, सीमांकन करने तथा नक्शा तैयार करने या ऐसा करने के लिये किसी अन्य अधिकारी को प्राधिकृत करने की शक्ति,

(ख) वही शक्तियां जो वादों के विचारण के लिए किसी सिविल न्यायालय में निहित होती है।

24. अधिकारों का अर्जन

धारा 19 में निर्दिष्ट किसी भूमि में या उसके बारें में, या किसी दावे की दशा में, कलक्टर उसको सम्पूर्णत: या अंशत: स्वीकार करते हुए या नामंजूर करते हुए एक आदेश पारित करेगा।

(क) प्रख्यापित अभयारण्य की सीमाओं से ऐसी भूमि का अपवर्जन कर सकेगा, या -

(ख) ऐसी भूमि को या ऐसी भूमि में या के बारे में अधिकार, सिवाय वहां के जहां कि ऐसी भूमि के स्वामी या ऐसे अधिकारों के धारक और सरकार के बीच किसी करार द्वारा वह स्वामी या ऐसे अधिकारों का धारक अपने अधिकार सरकार को अभ्यार्पित करने के लिये सहमत हो गया है, तथा ऐसा प्रतिकर, जैसा कि भूमि अर्जन अधिनियम, 1894 में उपबंधित है, संदत्त करके, अर्जित करने के लिए कार्यवाही कर सकेगा।

(ग) मुख्य वन्यजीव संरक्षक के परामर्श से अभयारण्य की सीमाओं के भीतर किसी भूमि में या उस किसी व्यक्ति के अधिकार को जारी रहना अनुज्ञात कर सकेगा।

25. अर्जन कार्रवाईयां

(1) ऐसी भूमि या ऐसी भूमि में या के बारे में अधिकारों के अर्जन के प्रयोजन के लिए-

(क)कलक्टर, ऐसा कलक्टर समझा जाएगा, जो भूमि अर्जन अधिनियम, 1894 के अधीन कार्यवाही कर रहा है।

(ख) दावेदार को ऐसा व्यक्ति समझा जाएगा जो हितबद्ध है और उस अधिनियम की धारा 9 के अधीन दी गई सूचना के अनुसरण में उसके समक्ष उपस्थित हो रहा है।

(ग) उस अधिनियम की धारा 9 की पूर्ववर्ती धाराओं के उपबन्धों के बारे में यह समझा जाएगा कि उनका अनुपालन हो गया है,

(घ) जहां दावेदार प्रतिकर के सम्बध में अपने पक्ष में दिए गए अधिनिर्णय को स्वीकार नहीं करता है वहां उसकी बाबत यह समझा जाएगा कि वह उस अधिनियम की धारा 18 के अर्ध में ऐसा हितबद्ध व्यक्ति है, जिसने अधिनिर्णय को स्वीकार नहीं किया है, और वह उस अधिनियम के भाग 3 के उपबंधों के अधीन उस अधिनिर्णय के विरूद्ध अनुतोष का दावा करने के लिए कार्यवाही करने का हकदार होगा,

(ङ) कलक्टर दावेदार की सम्पत्ति से या न्यायालय, दोनों पक्षकारों की सम्पत्ति से प्रतिकर, भूमि या धन के रूप में या अंशत: भूमि के रूप में और अंशत: धन के रूप में, दे सकेगा, और

(च) किसी लोक मार्ग या आम चरागाह के अवरोध की दशा में कलक्टर, राज्य सरकार की पूर्व मंजूरी से, यावद्साध्य या सुविधानुसार किसी अनुकल्पिक लोक-मार्ग या आम चरागाह के लिए उपबन्ध कर सकेगा।

(2) इस अधिनियम के अधीन किसी भूमि या उसमें किसी हित के अर्जन के बारे में यह समझा जाएगा कि वह लोक प्रयोजन के लिए है।

26. कलक्टर की शक्तियों का प्रत्यायोजन

राज्य सरकार, साधारण या विशेष आदेश द्वार निर्देश दे सकेगी कि धारा 19 से 25 जिसमें ये दोनों भी सम्मिलित हैं के अधीन कलक्टर द्वारा प्रयोक्तव्य शक्तियां या किए जाने वाले कृत्य, ऐसे अधिकारी द्वारा, जैसा आदेश में विनिर्दिष्ट किया जाए, प्रयुक्त की जा सकेंगी और किए जा सकेंगे।

26.क क्षेत्र की अभयारण्य के रूप में घोषणा।

(1) यदि :

(क) धारा 18 के अधीन कोई अधिसूचना जारी कर दी गई हो और दावे करने की अवधि समाप्त हो गई है और अभयारण्य के रूप में घोषित किए जाने के लिए आशयित किसी क्षेत्र में किसी भूमि के संबंध में सभी दावे, यदि कोई हों,

राज्य सरकार द्वारा निपटा दिए गए हैं।

(ख) किसी आरक्षित वन के भीतर समाविष्ट, कोई क्षेत्र या राज्य क्षेत्रीय सागरखंड का कोई भाग, जिसे राज्य सरकार द्वारा वन्य जीवन या उसके पर्यावरण के संरक्षण, संवर्द्धन या विकास के प्रयोजन के लिये पर्याप्त रूप से पारिस्थिति, प्राणी-जात, वनस्पतिजात, भू-आकृति-जात, प्राकृतिक या प्राणी विज्ञान-जात महत्त्व का समझा जाता है, किसी अभयारण्य में सम्मिलित किया जाना है,

तो राज्य सरकार उस क्षेत्र की सीमाएं विनिर्दिष्ट करते हुए जो अभयारण्य में समाविष्ट किया जाएगा, अधिसूचना जारी करेगी और यह घोषित करेगी कि उक्त क्षेत्र उस तारीख़ से ही, जो अधिसूचना में विनिर्दिष्ट की जाए, अभयारण्य होगा।

परन्तु जहां राज्य क्षेत्रीय सागरखंड का कोई भाग इस प्रकार सम्मिलित किया जाना है वहां राज्य सरकार केन्द्रीय सरकार की पूर्व सहमति अभिप्राप्त करेगी।

परन्तु यह और कि अभयारण्य में सम्मिलित किए जाने वाले राज्यक्षेत्रीय सागरखंड के क्षेत्र की सीमाएं मुख्य नौ-जलराशि सर्वेक्षक के परामर्श से और स्थानीय मछुआरों के वृत्तिक हितों की रक्षा के लिए पर्याप्त उपाय करने के पश्चात् अवधारित की जाएगी।

(2) उपधारा (1) में किसी बात के होते हुए भी, उपधारा (1) के अधीन जारी की गई अधिसूचना से राज्यक्षेत्रीय सागरखंड से किसी जलयान या नौका के निर्दोष आवागमन का अधिकार प्रभावित नहीं होगा।

(3) राज्य विधान सभा द्वारा जब तक संकल्प पारित न किया जाए अभयारण्य की सीमाओं में कोई परिवर्तन नहीं किया जाएगा।

27. अभयारण्य में प्रवेश पर निर्बन्धन

(1) (क) किसी कार्तव्यरत लोक सेवक से भिन्न,

(ख) ऐसे व्यक्ति से जो अभयारण्य की सीमाओं के भीतर साधारणतया निवास करता है, भिन्न

(ग) ऐसे व्यक्ति से जिसका अभयारण्य की सीमाओं के भीतर स्थावर सम्पत्ति पर कोई अधिकार है, भिन्न

(घ) ऐसे व्यक्ति से, जो लोक राजमार्ग के साथ-साथ अभयारण्य में होकर गुजरता है, भिन्न और

(ङ) खण्ड (क), खण्ड (ख) या खण्ड (ग) में निर्दिष्ट व्यक्ति के आश्रितों से भिन्न, कोई भी व्यक्ति धारा 28 के अधीन दिए गए अनुज्ञापत्र के अधीन और उसकी शर्तो के अनुसरण में/के सिवाए अभयारण्य में न तो प्रवेश करेगा और न निवास करेगा।

(2) प्रत्येक व्यक्ति, जब तक वह अभयारण्य में निवास करता है –

(क) अभयारण्य में इस अधिनियम के विरूद्ध किसी अपराध के किए जाने को निवारित करने के लिए,

(ख) जहां यह विश्वास करने का कारण है कि ऐसे अभयारण्य में इस अधिनियम के विरूद्ध ऐसा कोई अपराध किया है, वहां अपराधी को ढूढ़नें और गिरफ्तार करने में सहायता करने के लिए,

(ग) किसी वन्यजीवजन्तु की मृत्यु की रिपोर्ट करने और उसके अवशेषों की तब तक सुरक्षा करने के लिए जब तक मुख्य वन्यजीव संरक्षक या कोई प्राधिकृत अधिकारी उसका भार ग्रहण नहीं कर लेता हैं,

(घ) ऐसे अभयारण्य में किसी अग्नि को बुझाने केलिए जिसके बारे में उसे ज्ञान या जानकारी है, और ऐसे अभयारण्य के सामीप्य मे किसी अग्नि को, जिसके बारे में उसे ज्ञान या जानकारी है, फैलने से, विधिपूर्व साधनों से जो कि उसकी शक्ति में है, निवारित करने के लिए, और

(ङ) किसी वन अधिकारी, मुख्य वन्यजीव संरक्षक, वन्य जीवन संरक्षक या पुलिस अधिकारी की, जो इस अधिनियम के विरूद्ध किसी अपराध को रोकने के लिए उसकी सहायता मांग रहा हो, सहायता करने के लिए आबद्ध होगा।

(3) कोई भी व्यक्ति किसी अभयारण्य के किसी सीमा चिह्न को नुकसान पहुंचाने के आशय से या भारतीय दण्ड संहिता में यथापरिभाषित सदोष लाभ कारित के आशय से ऐसे सीमा चिह्न में न फेर-फार करेगा, न उसे नष्ट करेगा, न हटाएगा या विरूपित करेगा।

(4) कोई भी व्यक्ति किसी वन्यजीव को परेशान या छेड़खानी नहीं करेगा या अभयारण्य की भूमि में गंदगी नहीं फैलायेगा।

28. अनुज्ञापत्र का दिया जाना

(1) वन्य प्राणियों के अन्वेषण या अध्ययन और उसके अनुषंगिक प्रयोजन में से किसी के लिए अभयारधय में प्रवेश करने के लिए अनुज्ञापत्र दे सकेगा, अर्थात –

(क) वन्य प्राणियों के अन्वेषण या अध्ययन और उसके आनुषंगिक प्रयोजन,
(ख) फोटोचित्रण
(ग) वैज्ञानिक अनुसंधान
(घ) पर्यटन
(ड़) अभयारण्य में रह रहे किसी व्यक्ति के साथ विधिपूर्ण कारोबार करना।
(2) किसी अभयारण्य में प्रवेश या निवास करने के लिए अनुज्ञापत्र ऐसी शर्त के अधीन रहते हुए और ऐसी फीस के संदाय पर, जो विहित की जाए, जारी किया जाएगा।

29. अनुज्ञापत्र के बिना अभयारण्य में विनाश करने, आदि का प्रतिषेध

कोई भी व्यक्ति मुख्य वन्यजीव संरक्षक द्वारा अनुदत्त अनुज्ञप्ति के बिना किसी अभयारण्य के अन्दर किसी वन्यजीव का विनाश, समुपयोजन नहीं करेगा, उन्हें वहां से नहीं हटाएगा अथवा किसी वन्यजीव के प्राकृत आवास को विनष्ट या क्षतिग्रस्त नही करेगा अथवा किसी वन्यप्राणी के प्राकृत आवास को अभयारण्य से वंचित नहीं करेगा तथा ऐसी अनुज्ञप्ति तब तक नहीं दी जाएगी जब तक राज्य सरकार इस बात से सन्तुष्ट न हो गई हो कि अभयारण्य के वन्यजीवों में सुधार लाने अथवा उसका बेहतर प्रबन्ध करने के लिए वहां के किसी वन्यजीव का विनाश, समुपयोजन अथवा उसे हटाया जाना आवश्यक है और ऐसी अनुज्ञप्ति देने का अधिकार देता है, और यह कार्य अनुज्ञप्ति के अधीन और उसके अनुसार ही किया जाएगा।

स्पष्टीकरण-

इस धारा के प्रयोजनार्थ धारा 33 के खण्ड (क) के अधीन अनुमित पशुधन के चरने, चलने-फिरने, को इस धारा के अधीन 'प्रतिषिद्ध कृत्य' नहीं माना जाएगा।

30. आग लगाने के बारे में प्रतिषेध

कोई भी व्यक्ति किसी अभयारण्य में, ऐसी रीति से जिससे ऐसा अभयारण्य खतरे में पड़ जाए, न तो आग लगाएगा, न आग प्रज्वलित करेगा और न किसी आग को जलते हए छोड़ेगा।

31. अभयारण्य में आयुध सहित प्रवेश का प्रतिषद्ध होना

कोई भी व्यक्ति, मुख्य वन्यजीव संरक्षक या प्राधिकृत अधिकारी, की लिखित पूर्व अनुज्ञा के सिवाय, किसी आयुध सहित किसी अभयारण्य में प्रवेश नहीं करेगा।

32. क्षतिकर पदार्थों के प्रयोग पर रोक

कोई भी व्यक्ति किसी अभयारण्य में रसायनों, विस्फोटकों या अन्य पदार्थों का , जो ऐसे अभयारण्य के किसी वन्यप्राणी को क्षति पहुंचा सकें, या खतरे में डाल सकें, प्रयोग नहीं करेगा।

३३. अभयारण्यों का नियंत्रण

मुख्य वन्यजीव संरक्षक ऐसा प्राधिकारी होगा जो सभी अभयारण्यों का नियंत्रण करेगा, प्रबन्ध करेगा और उन्हें बनाए रखेगा और उस प्रयोजन के लिए वह किसी अभयारण्य की सीमाओं के भीतर,

(क) ऐसी सड़कों, पुलों, भवनों या रोक फाटक सन्निर्मित कर सकेगा, तथा ऐसे अन्य संकर्मो को जिन्हें वह ऐसे अभयारण्य के प्रयोजनों के लिए आवश्यक समझे, कार्यान्वित कर सकेगा।

(ख) ऐसे कदम उठागएगा, जो अभयारण्य में के वन, जीवजन्तुओं की संरक्षा तथा अभयारण्य और उसके वन्यजीव जन्तुओं का परिरक्षण सुनिश्चित करेंगे।

(ग) वन्यप्राणियों के हित में ऐसे उपाय कर सकेगा जिन्हें वे किसी आवास के सुधार के लिए आवश्यक समझें।

(घ) वन्यप्राणियों के हित के अनुकूल पशुधन के चरने या संचलन को विनियमित, नियंत्रित या प्रतिषिद्ध कर सकेगा,

(ङ) (1991 में लोप किया गया)

33. क पशुधन का असंक्रमीकरण

(1) मुख्य वन्यजीव संरक्षक अभयारण्य में उससे पांच किलोमीटर के भीतर रखे गए पशुधन में संक्रामक रोगों असंक्रमीकरण के लिए ऐसी रीति में और ऐसे उपाय, जो विहित किए जाए, करेगा।

34. आयुधों का कब्जा रखने वाले कतिपय व्यक्तियों का रजिस्ट्रीकरण

(1) किसी भी क्षेत्र के अभयारण्य के रूप में घोषित किए जाने के तीन मास के भीतर, प्रत्येक ऐसा व्यक्ति, जो ऐसे किसी अभ्यारण्य के दस किलोमीटर के भीतर निवास कर रहा है और आयुधों को रखने के लिए आयुध अधिनियम, 1959 के अधीन मंजूर की गई अनुज्ञप्ति धारण करता है अथवा जिसे प्रारूप में और ऐसी फीस का संदाय करके तथा ऐसे समय के भीतर, जैसा कि विहित किया जाए, मुख्य वन्यजीव संरक्षक या प्राधिकृत अधिकारी को अपने नाम के रजिस्ट्रीकरण के लिए आवेदन करेगा।

(2) उपधारा (1) के अधीन आवेदन प्राप्त होने पर मुख्य वन्यजीव संरक्षक या

प्राधिकृत अधिकारी आवेदक का नाम ऐसी रीति में रजिस्ट्रीकृत करेगा जैसी विहित की जाए।

(3) अभयारण्य से दस किलोमीटर की त्रिज्या के अन्दर किसी भी व्यक्ति को मुख्य वन्यजीव संरक्षक की पूर्व सहमति प्राप्त किए बिना आयुध अधिनियम 1959 (1959 का 54 वां)के अधीन कोई नया अनुज्ञापत्र नहीं दिया जाएगा।

राष्ट्रीय उपवन

35. राष्ट्रीय उपवनों की घोषणा।

(1)जब कभी राज्य सरकार को यह प्रतीत हो कि कोई क्षेत्र जो किसी अभयारण्य के भीतर हो या नहीं, अपने पारि-स्थतिक, जीवजन्तु, वनस्पति, भू-आकृति विज्ञान या प्राणी विज्ञान विषयक सम्बन्ध या महत्त्व के कारण उसमें वन्य प्राणियों के और उनके परिवेश के संरक्षण, संवर्धन या विकास के प्रयोजन के लिए राष्ट्रीय उपवन के रूप में गठित किया जाना आवश्यक है, आशय की घोषणा कर सकेगी।

परन्तु जहां राज्य क्षेत्रीय सागरखण्ड का कोई भाग इस प्रकार घोषित उपवन में सम्मिलित करने का सुझाव हो तो धारा 26 (क) के उपबन्ध राष्ट्रीय उपवन की घोषणा के समय यथाशक्य वैसे ही लागू होंगे जैसे वे अभयारण्य की घोषणा में लागू होते हैं।

(2) उपधारा (1) में निर्दिष्ट अधिसूचना में उस क्षेत्र की सीमाएं परिनिश्चित की जाएंगी जिसे राष्ट्रीय उपवन के रूप में घोषित करने का आशय है।

(3) जहां किसी क्षेत्र को राष्ट्रीय उपवन के रूप में घोषित करने का आशय हो वहां इस धारा के उपबन्ध धारा 19 से 26 (दोनों सम्मिलित) यथाशक्य ऐसे क्षेत्र में किसी भूमि के सम्बन्ध में दावों के अन्वेषण और अवधारणा को तथा अधिकारों के निर्वापन को वैसे लागू होंगे जैसे कि वे किसी अभयारण्य में किसी भूमि के सम्बन्ध में उक्त बातों के बारे में लागू होते हैं।

(4) जब निम्नलिखित घटनाएं घटित हो गई हों, अर्थात्

(क) दावे लेने की अवधि बीत चुकी हो और राष्ट्रीय उपवन के रूप में घोषित किए जाने के लिए आशयित किसी क्षेत्र में किसी भूमि के संबंध में किए गए सभी दावे, यदि कोई हों, राज्य सरकार द्वारा निपटा दिए गए हों, तथा

(ख) राष्ट्रीय उपवन में सम्मिलित किए जाने के लिए प्रस्थापित भूमियों के बारे में सभी अधिकार राज्य सरकार में निहित हो गए हों,

तब राज्य सरकार अधिसूचना प्रकाशित करेगी जिसमें क्षेत्र की वे सीमाएं

विनिर्दिष्ट की जाएंगी तो राष्ट्रीय उपवन में समाविष्ट होंगी तथा यह घोषित करेगी कि उक्त क्षेत्र ऐसी तारीख़ को और ऐसे, जैसे कि अधिसूचना में विनिर्दिष्ट किया जाए, राष्ट्रीय उपवन होगा।

(5) किसी राष्ट्रीय उपवन की सीमाओं में कोई परिवर्तन राज्य विधान मण्डल द्वारा पारित संकल्प के सिवाय नहीं किया जाएगा।

(6) कोई भी व्यक्ति मुख्य वन्यजीव संरक्षक द्वारा अनुदत्त अनुज्ञापत्र के अधीन और उसके अनुसार, सिवाय किसी राष्ट्रीय उपवन में, किसी वन्यप्राणी को नष्ट नहीं करेगा, उसका समुपयोजन नहीं करेगा या उसे हटाएगा नहीं और न किसी जीव जन्तु के आवास को नष्ट करेगा या उसे नुकसान पहुंचाएगा और न ऐसे राष्ट्रीय उपवन में किसी जीवजन्तु के आवास से उसको वंचित करेगा और ऐसा कोई अनुज्ञापत्र तब तक अनुदत्त नहीं किया जाएगा जब तक कि राज्य सरकार, इस बात का समाधान हो जाने पर कि वन्यप्राणी का ऐसा विनाश, समुपयोजन या राष्ट्रीय उपवन से हटाया जाना उसके वन्यप्राणियों के सुधार और बेहतर प्रबन्धन के लिए आवश्यक है, ऐसे अनुज्ञापत्र के जारी किए जाने को प्राधिकृत न कर दे।

(7) किसी पशुधन को, सिवाय उस दशा के जिसमें कि ऐसे पशुधन का, ऐसे राष्ट्रीय उपवन में प्रवेश करने के लिए प्राधिकृत किसी व्यक्ति द्वारा यान के रूप में उपयोग किया जाता हो, किसी राष्ट्रीय उपवन में चरने नहीं दिया जाएगा और किसी पशु को उसमें प्रवेश नहीं करने दिया जायेगा।

(8) धारा 27 और 28, धारा 30 और 32 (जिसमें ये दोनों सम्मिलित हैं) और धारा 33 के खण्ड (क) (ख) और (ग) तथा धारा 34 के उपबन्ध किसी राष्ट्रीय उपवन के सम्बन्ध में यथाशक्य वैसे ही लागू होंगे जैसे कि वे अभयारण्य के सम्बन्ध में लागू होते हैं।

36. मृगयारण्य की घोषणा । (1991 में लोप किया गया)

आखेट प्रतिषिद्ध क्षेत्र

37. आखेट के लिए प्रतिषिद्ध क्षेत्र की घोषणा

(1) राज्य सरकार अधिसूचना द्वारा किसी क्षेत्र को ऐसी अवधि के लिए, जो अधिसूचना में विनिर्दिष्ट की जाए, आखेट के लिए प्रतिषिद्ध क्षेत्र घोषित कर सकेगी।

(2) उपधारा (1) में निर्दिष्ट अधिसूचना अवधि के दौरान आखेट के लिए प्रतिषिद्ध किसी क्षेत्र में किसी वन्यजीव जन्तु के आखेट की अनुज्ञा नहीं

दी जाएगी।

केन्द्रीय सरकार द्वारा घोषित अभयारण्य या राष्ट्रीय उपवन

38. क्षेत्रों का अभयारण्य और राष्ट्रीय उपवन घोषित करने की केन्द्रीय सरकार की शक्ति

(1) जहां कि राज्य सरकार अपने नियंत्रणाधीन कोई क्षेत्र, जो किसी अभयारण्य के भीतर का क्षेत्र नहीं है, केन्द्रीय सरकार को पट्टे पर दे देती है या अन्यथा अन्तरित कर देती है वहां केन्द्रीय सरकार का यह समाधान हो जाए कि धारा 18 में विनिर्दिष्ट शर्तें, उसे इस प्रकार अन्तरित किए गए क्षेत्र के बारे में पूरी कर दी गई हैं, तो वह अधिसूचना द्वारा ऐसे क्षेत्र को मृगयारण्य घोषित कर सकेगी और धारा 19 से 35 (जिसमें ये दोनों सम्मिलित हैं) 54 और 55 के ऐसे उपबन्ध अभयारण्य के बारे में वैसे ही लागू होंगे जैसे कि राज्य सरकार द्वारा घोषित किसी-किसी अभयारण्य के बारे में लागू होते हैं।

(2) यदि केन्द्रीय सरकार का यह समाधान हो जाता है कि धारा 35 में ऐसा क्षेत्र केन्द्रीय सरकार या राज्य सरकार द्वारा अभयारण्य घोषित किया गया हो या नहीं, पूरी हो जाती है तो वह अधिसूचना द्वारा ऐसे क्षेत्र को राष्ट्रीय उपवन के बारे में वैसे ही लागू होंगे जैसे कि वे राज्य सरकार द्वारा घोषित किसी राष्ट्रीय उपवन के बारे में लागू होते हैं।

(3) केन्द्रीय सरकार द्वारा घोषित किसी अभयारण्य या राष्ट्रीय उपवन के बारे मे उपधारा (1) और (2) में निर्दिष्ट धारा के अधीन मुख्य वन्यजीव संरक्षक की शक्तियों और कर्तव्यों का प्रयोग ओर निर्वहन निदेशक द्वारा या ऐसे अन्य अधिकारी द्वारा जो निदेशक द्वारा इस संबंध में निमित प्राधिकृत किया गया हो, किया जाएगा, तथा ऊपर वर्णित धाराओं में राज्य सरकार के प्रति निर्देशों का अर्थ यह लगाया जाएगा कि वे केन्द्रीय सरकार के प्रति निर्देश हैं तथा उनमें राज्य के विधान मण्डल के प्रति निर्देशों का अर्थ यह लगाया जाएगा कि वे संसद के प्रति निर्देश हैं।

पर्यावरण संरक्षण के विधिविधान पर यदि हम ऐतिहासिक परिप्रेक्ष्य में दृष्टिपात करें तो पायेंगे कि जून, 1972 में स्टॉक होम में जो विश्व पर्यावरण सम्मेलन आयोजित हुआ था, एक नई पर्यावरण-चेतना का संचरण हुआ। इस सम्मेलन के संकल्प हमारे देश में 1986 में (यानी 14 वर्षों बाद) कानूनी स्वरूप ले पाए। 23 मई, 1986 को भारतीय संसद ने पर्यावरण संरक्षण और सुधार अधिनियम पारित किया और उसे सम्पूर्ण देश में लागू किया गया।

इस अधिनियम में कतिपय शब्दों की व्याख्या की गई, ताकि इस सन्दर्भ में जो भी सन्देह हैं, उनको दूर किया जा सके। 'पर्यावरण' का अर्थ जलवायु और भूमि से होते हुए भी उनके उस अन्तरसम्बन्ध से लिया गया जो जलवायु, भूमि, मनुष्य, अन्य जीवित प्राणियों, वृक्षों और सूक्ष्म जीव जगत् के बीच में विद्यमान है। स्पष्ट है कि इस विवेचना से पर्यावरण को एक व्यापक धरातल मिला है। कोई भी ठोस, द्रव अथवा गैसीय पदार्थ जो पर्यावरण को क्षति पहुँचाए उसे 'प्रदूषण कारक पदार्थ' माना गया।

पर्यावरण अधिनियम के अंतर्गत भारत सरकार को यह अधिकार है कि वह पर्यावरण-संरक्षण-हेतु जो भी उचित समझे, कदम उठाए। केन्द्रीय सरकारों के ऐसे कामों में से कुछ काम संक्षेप में इस प्रकार हैं-

(1) राज्य सरकारों के कार्यों में समन्वय करना।

(2) पर्यावरण प्रदूषण के निवारण, नियंत्रण तथा उपशमन के लिए राष्ट्रव्यापी कदम उठाना।

(3) पर्यावरण की गुणवत्ता के प्रतिमानों का निर्धारण करना।

(4) विभिन्न स्रोतों से प्रदूषणों के उत्सर्जन या निस्सारण के मानक तैयार करना।

(5) ऐसे क्षेत्रों को चुनना जहाँ या तो औद्योगिक इकाइयां स्थापित नहीं की जा सकतीं अथवा यदि स्थापित होती भी हैं, तो विशेष रक्षोपायों के अंतर्गत काम कर सकती हैं।

(6) पर्यावरण-प्रदूषण के कारण होने वाली अथवा संभाव्य दुर्घटनाओं को रोकने की प्रक्रिया को सुनिश्चित करना।

(7) ऐसे सभी उत्पादक प्रक्रियाओं और पदार्थों की जाँच करना जो प्रदूषण फैला सकते हैं।

(8) जनसंख्या नियंत्रण के उपाय करना। इत्यादि।

५. **आदिवासी हमारे देश के महत्त्वपूर्ण नागरिक हैं।** उनका जीवन प्राय: जंगलों पर आधारित है। हजारों -लखों वर्षों से वे अरण्यों में अपना जीवन यापन कर रहे हैं। हमारा संविधान वचनबद्ध है कि आदिवासी अपनी परम्परागत विशिष्ट पहचान को बनाए रखते हुए ही राष्ट्र की विकास-धारा में इच्छानुरूप जुड़ सकते हैं। इसका एक अच्छा उदाहरण है 'नागालैंड राज्य के सम्बंध में विशेष उपबंध। भारत के संविधाान में किसी बात के होते हुए भी, - (क) निम्नलिखित के सम्बंधा में संसद् का कोई अधिनियम नागालैण्ड राज्य को तब तक लागू नहीं होगा जब तक नागालैंड की

विधानसभा संकल्प द्वारा ऐसा विनिश्चय नहीं करती, अर्थात :-

(i) नागाओं की धार्मिक या सामाजिक प्रथाएं;

(ii) नागा रूढ़िजन्य विधि और प्रक्रिया;

(iii) सिविल और दांडिक न्याय प्रशासन, जहाँ विनिश्चय नागा रूढ़िजन्य विधि के अनुसार होने हैं;

(iv) भूमि और उसके सम्पत्ति स्रोतों का स्वामित्व और अंतरण...

कहने का अर्थ यह है कि हमारा संविधान सुदूरवर्त्ती दुर्गम स्थानों में निवास कर रहे लोगों के प्रति भी उतना ही आदर रखता है, जितना देश के अन्य भागों के निवास कर रहे लोगों के प्रति रखता है।

जहाँ तक पर्यावरण के संदर्भ में आदिवासियों के जीवन से जूड़े मुद्दों का प्रश्न है, सरकार का प्रयास है कि इस दिशा में त्वरित ऐसे निर्णय लिए जायें, ताकि उनकी प्रकृतिक संस्कृति पर कोई नकारात्मक प्रभाव न पड़े। इस संदर्भ में **हरिचन्द्र व्यास** का यह कथन महत्त्वपूर्ण है कि ''सरकार राष्ट्रीय नीति में प्राकृतिक संसाधनों का अत्यधिक दोहन न करके पर्यावरण-शुद्धि एवं आदिम जाति के विकास की परम्परा को सर्वोपरि रखने की प्राथमिकता की घोषणा करती आई है, ताकि वे अपनी अस्मिता जातीय अरण्य संसकृति एवं वन्य जीवों के बीच रह कर अपनी परम्परागत शैली में पर्यावरण संतुलन बनाए रखने की प्रक्रिया में अहम भूमिका पूर्व की भांति अदा करते रहें। विकास परियोजनाओं का विकास उनकी इच्छा के प्रतिकूल थोपने जैसे न होकर उनकी परम्परा में रुकावटें लाने वाले तथ्यों का पहले निराकरण वांछित है, ताकि वे मूलभूत परिवेश में अपने क्रियाकलापों को निष्पादित करते रहें।'' *(संस्कृति और पर्यावरण, पृष्ठ - 109)*

निश्चय ही पर्यावरण संतुलन में कानूनों से अधिक फलदाई भूमिका देश के विभिन्न भागों में निवास कर रहे आदिवासियों की हो सकती है। वे लोग प्रकृति और वनों के रहस्यों से भलीभांति परिचित है। इस उद्देश्य के लिय हमें उनका सहयोग भी लेना चाहिए।

7

विकास और पर्यावरण - संतुलन : हमारा नैतिक दायित्व

विकास एक अनवरत प्रक्रिया है। विकास के क्रम में पर्यावरण का बिगाड़ अवश्यम्भावी रहता है। विकास प्रकृति के आँगन में ही होता है, इसलिए प्रकृति के साथ छेड़छाड़ होती ही है। लेकिन यदि प्रकृति का दोहन विवेकपूर्ण ढंग से मानव-हित में किया जाए, तो पर्यावरण असंतुलन से बचा जा सकता है और हम आत्मघाती महाविनाश से बच सकते है।

इस सम्बन्ध में दो बातों पर ध्यान देना आवश्यक है - एक तो यह कि कोई भी सरकार सदैव ही मानव-विरोधी नहीं हुआ करती। वह जनहित में सोच कर अपनी नीतियां बनाती है। हर एक लोकतांत्रिक देश में जनता द्वारा चुनी हुई सरकार भला अपनी ही जनता के विरोध में कार्य क्यों करेगी; उसके विनाश में क्यों लगेगी? ऐसी सरकार में जनता की ही हिस्सेदारी होती है और एक तरह से वही 'अपने लिए' (जनता के लिए) नीति-निर्माता भी होती है। दूसरी यह कि शासक वर्ग से पृथक् जनसामान्य यदि सरकार की किसी विकास योजना का तथ्यात्मक, तर्कपूर्ण और रचनात्मक विरोध करता है, तो उसमें सच्चाई होती है। इसलिए सरकार को चाहिए कि वह ऐसे रचानात्मक विरोध पर ध्यान दे।

लेकिन हमारा दुर्भाग्य है कि कई बार ये दोनों ही बातें विपरीत दिशा में चलती हुई दिखाई देती हैं। परिणाम यह होता है कि सरकार और जनता के बीच अविश्वास एवं संघर्ष की स्थिति बन जाती है। इधर सरकार में शामिल लोग किन्हीं कारणोंवश (यथा-व्यक्तिगत हित-लाभ, राजनीतिक, आर्थिक अथवा अंतर्राष्ट्रीय सन्दर्भों के कारण) अपनी बात पर अड़ जाते हैं और किसी भी रचनात्मक सुझाव को बिना गम्भीरता से सुने एकसिरे से नकार देते हैं। उधर जनता के बीच भी कुछ लोग किन्हीं कारणोंवश (यथा- व्यक्तिगत हित-लाभ, राजनीतिक, आर्थिक अथवा अधिक नहीं, कुछ सीमा तक अंतर्राष्ट्रीय हस्तक्षेप के कारण) सरकार की

योजनाओं का विरोध करने लगते हैं। इसमें वृहत्तर समाज का अहित होता है। आर्थिक दृष्टि से भी, सामाजिक और सस्कृतिक दृष्टि से भी। सम्यक् विकास के लिए यह विपरीत ध्रुवता, अविश्वास और संघर्ष अभिशाप हैं। दोनों ही ध्रुवों पर समान दिशा में चिन्तन, विश्वास तथा सहयोग अनिवार्य है। और यह सहयोग दोनों की एकता, एक जैसी समझ-बूझ, विवेक एवं नि:स्वार्थ भावना से ही संभव है।

इस सन्दर्भ में हिमालय क्षेत्र में बन रहे, विशाल टिहरी बांध की महत्त्वाकांक्षी परियोजना, मध्य प्रदेश में नर्मदा नदी की 'नर्मदा सरदार सरोवर' और इन्दिरा सागर परियोजना के अतिरिक्त हिमालय में ही महाकाली और सरयू के संगम पर बन रहे पंचेश्वर बांध की परियोजना के उदाहरण हमारे सामने हैं। सरकार इन सभी के पक्ष में वर्षों से अपने तर्क दे रही है। इन की भविष्य की उपलब्धियों को गिना रही है। जनता को 'विकास के लिए प्रेरित' कर रही है। लेकिन स्थानीय स्तर पर और उसके पक्ष में राष्ट्रीय स्तर पर भी, विरोध का प्रबल स्वर भी सुनाई देता रहता है। प्रश्न उठता है कि ऐसा क्यों है? जो तटस्थ दृष्टा हैं, जो वस्तुनिष्ठता और पारदर्शिता में विश्वास करते हैं, वे इस प्रश्न का उत्तर जानना चाहते हैं। दुर्भाग्य यह है कि उन्हें इसका सही उत्तर मिल नहीं पा रहा। इसका परिणाम यह होगा कि धीरे-धीरे ऐसे लोग देश की इन और इन जैसी 'महत्त्वाकांक्षी परियोजनाओं' में कोई रुचि नहीं लेंगे। वे निराश, निष्क्रिय, निरुत्साह और तटस्थ होते चले जायेंगे। निस्सन्देह ऐसे लोगों की संख्या बहुत बड़ी है। और किसी भी देश के लिए, किसी भी मानव-समाज के लिए उसके लोगों में नैराश्य, निष्क्रियता, हतोत्साह तथा तटस्थता की भावना आजाना किसी भी दृष्टि से उचित नहीं होता।

हम सब ने टिहरी बांध के पक्ष-विपक्ष में, नर्मदा सरदार सरोवर परियोजना और इन्दिरा गांधी परियोजना के पक्ष-विपक्ष में बहुत कुछ सुना है। फिर भी एक सही और विश्वसनीय तस्वीर अभी तक बहुसंख्यक लोगों के सामने नहीं आ पाई है। इनके निर्माण की गति आए दिन बाधित होती रहती है, आंदोलन चलते रहते हैं, न्यायालयों में मामले पहुँच जाते हैं, परियोजना पर अस्थाई और कामचलाऊ व्यवस्थाओं के तहत रुक-रुककर निर्माण-कार्य चल पड़ता है। इससे देश की अर्थव्यवस्था पर बुरा असर पड़ता है, जनता की रचनात्मक क्षमता का क्षय होता है, और कुछ भी ठोस हासिल नहीं होता।

इन पंक्तियों के लेखक ने *'धर्मयुग'* के लिए टिहरी बांधा के सिलसिले में एक रिपोताज तैयार किया था, जो उस विचारपूर्ण पत्रिका के *25 फरवरी 1990* अंक में 'कवर स्टोरी' के रूप में प्रकाशित हुआ था। उसमें अनेक मानवीय मुद्दे

सामने आए थे। सरकार की योजना भी बीच-बीच में ध्वनित थी। आज भी इस स्थिति में विशेष बदलाव नहीं आ पाया है। हाँ, अनेक 'सावधानीपूर्ण कदम' सोचने के बाद इस बाँध का निर्माण कार्य आज भी चल रहा है और जल्दी ही टिहरी शहर को खाली कराए जाने की बात की जा रही है।

इधर हाल ही में ग्राम - पाटन, वाया-लोहाघाट जिला-चम्पावत (उ0प्र0) के कुछ युवकों ने 'समान विचारों वाले साथियों द्वारा जनहित में प्रकाशित' एक फोल्डर पर व्यापक चर्चा की है। वे हिमालय नदी घाटी के 'विनाश' को लेकर चिन्तित हैं। उनकी दृष्टि में यह विनाश सरकार द्वारा बनाए जाने वाले बांधों के कारण हमारे सामने खड़ा है। इसलिए वे 'हिमालय नदी घाटी संरक्षण अभियान' चलाने की तैयारी में हैं। उनके द्वारा जारी पत्रक को अविकल रूप से पढ़ कर देखें (यह पत्रक लेखक को **बी०शंकर थपलियाल** के सौजन्य से प्राप्त हुआ है)

हिमालय नदी घाटी संरक्षण अभियान

उत्तराखण्ड का ग्रामीण क्षेत्र और उसमें भी विशेषकर नेपाल का सीमावर्ती क्षेत्र देश के सबसे पिछड़े क्षेत्रों में से एक है। इस क्षेत्र के बहुत बड़े भाग सड़कों से अछूते हैं। अधिकतम गांवों में बिजली नहीं है। अस्पताल अभी तक लोगों के लिए एक नवीनता है। बच्चे यदि स्कूल में पंजीकृत भी हो जाते हैं तो अक्सर ढंग से अक्षर सीखने से पहले की स्कूल छोड़ देते हैं। सीमापार नेपाल के क्षेत्र की स्थिति तो और भी गंभीर है। वहाँ के लोग अपनी मूलभूत आवश्यकताओं के लिए इसी क्षेत्र पर निर्भर करते हैं।

इसीलिए विकास निश्चित ही क्षेत्र की अहं आवश्यकता है। परन्तु सवाल उठता है कि क्षेत्र को किस तरह का विकास चाहिए?

मोटे तौर पर क्षेत्र में ही नहीं बल्कि समूचे विश्व में विकास की दो तरह की अवधारणायें व्याप्त हैं - पहली अवधारणा बड़े बांध, बड़े राष्ट्रमार्ग, संचार और बड़ी-बड़ी परियोजनाओं के माध्यम से दुनिया का चेहरा बदलने की बात करती हैं। इस प्रकार की सोच नाना प्रकार के विकास प्रवक्ताओं में लगभग सत्तर के दशक तक बहुत ही प्रभावी थी।

दूसरा विकल्प कहता है कि स्थानीय विकास की पहल स्थानीय संगठनों को बढ़ावा देकर उन्हीं के माध्यम से की जाये। इस अवधारणा के तहत ग्राम स्तर से नीति और नियोजन पर अधिक बल दिया जाता है।

विकास कार्यकर्त्ता इन दोनों अवधारणाओं के बीच में असमंजस की स्थिति में है। लेकिन अब एक पाले में आ जाने का समय आ गया है। अभी भी हमारे

अनेक साथी पहली विचारधारा के तहत, विश्वबैंक और अन्य ऐसी ही एजेंसीयों द्वारा डिजाइन्ड और उन्हीं के द्वारा वित्तपोषित बड़े प्रोजेक्ट्स का अंग बनकर विकास की छोटी-मोटी क्रियान्वयन गतिविधियों में लीन हैं। विश्वबैंक का नया चेहरा पहली अवधारणा का डिजाइन लेकर दूसरी अवधारणा के मुखौटे में प्रस्तुत किया जा रहा है। और ऊपर से इस पर मुहर हमारी सरकार की है। इस प्रकार अब स्थिति और भी जटिल हो गयी है। यह स्थिति शीघ्र ही उन्हें भी किसी एक ओर आने के लिए विवश कर देगी। हमारा मानना है कि - किसी भी क्षेत्र के विकास का मार्ग तय करने का ज्ञान एवं अधिकार उसी क्षेत्र के लोगों के पास है। देश का अनुभव भी इस बात की पुष्टि करता है।

हिमालय का प्रभाव

संभवत: बड़े प्रोजेक्ट्स बेचने वालों में आजकल हिमालय के लिए कुछ विशेष रुचि पैदा हो गयी है, और यदि इन्हें रास्ता मिल गया तो ये व्यापारी अपना माल बेचकर, लूट के डॉलर छिपाने के लिए अपने घर भाग जायेंगे। इस प्रक्रिया में हिमालय का चेहरा बदल कर पहाड़ों के पूरे पारिस्थितिकीय तंत्र को तहस-नहस कर जायेंगे। यह नुकसान यहीं तक सीमित नहीं है अक्सर बड़े प्रोजक्ट्स द्वारा उतनी ही बड़ी संख्या में लोग अपने प्राकृतिक आवास से भी विस्थापित होते हैं। उन्हें बिना उचित मुआवजा दिये, अपना प्रबंधन स्वयं करने के लिए छोड़ दिया जाता है। यह स्पष्ट है कि इस प्रकार, एक ही झटके में, लोगों को अपने प्राकृतिक संसाधनों के अधिकार से वंचित कर दिया जाता है। इस प्रोजेक्ट्स का एक खतरनाक पहलू भी है। दुनिया के 8,925 बांधों में से अब तक 535 बांधों के टूटने की पुष्टि हुई है। इनमें से 202 मामलों में घटना ने विभीषिका का रूप धारण कर लिया है। भारत के 433 बड़े बांधों में से, 1874 से 1975 के बीच में, 40 वारदातें बांध टूटने की हुई हैं। जिसमें से 13 हादसे खतरनाक थे।

और सबसे शर्मनाम बात यह है कि यह सब समस्याएं अरबों रुपये खर्च करने के बाद हम स्वयं अपने लिए आमंत्रित कर रहे हैं। याद रहे कि यह राशि हमें लौटानी भी है।

बड़े बांध के सवाल पर मत भिन्नता होना आम बात है, पर अक्सर यह स्वार्थवश और अज्ञानतावश ज्यादा होती है, तथ्यों की बुनियाद पर कम। यही वजह है कि बड़े बांध को छोड़कर कोई दूसरा विकल्प ही नहीं दिखाई पड़ता।

इस सच को जान लेने के बाद, अनेक प्रश्न दिमाग में कौंधते हैं -

- किसी विशेष स्थान पर विकास के बड़े प्रोजेस्ट्स स्थापित करने का निर्णय कौन लेता है जब कि वहीं के लोगों को वहां से हटाना पड़ता है?

– क्या एक क्षेत्र का विकास दूसरे क्षेत्र का समूचा अथवा आंशिक विनाश करके ही संभव है?

– उस क्षेत्र के लोग यदि उसमें कोई भूमिका अदा कर सकते हैं, तो वह क्या है?

यह सब सवाल, विशेषकर हिमालय के संदर्भ में, और भी महत्त्वपूर्ण हुए जा रहे हैं। क्योंकि कुछ ही वर्षों में हम बड़े प्राजेक्ट्स में डूब जायेंगे, जो कि पूर्ण होने पर संरचनात्मक विकास का, एशिया का सबसे ऊंचा ढांचा होगा।

भारत और नेपाल की सीमा तय करने वाली महाकाली नदी पर प्रस्तावित, पंचेश्वर बांध का मुद्दा बड़ी तेजी से उभर रहा है। बांध का कार्य पूर्ण होने पर हिमालय के इस भाग का चेहरा अवश्य ही बदल जायेगा। यह बांध अनेक नदी-घाटियों को निगल जायेगा। विकास का यह चेहरा बेहतर होगा या फिर डरावना हो जायेगा इस बात का तो केवल एक अनुमान मात्र ही लगाया जा सकता है।

ऐसे प्रोजेक्ट्स के तथ्य ओर आंकड़े के साथ प्रस्तुत करने मुश्किल हैं। पूछताछ पर अक्सर एक पथराई हुई चुप्पी का सामना करना पड़ता है अथवा कुछ बहाना बना कर टाल दिया जाता है।

उपलब्ध जानकारी के अनुसार, सन् 1956 में प्रोजेक्ट स्थल का चयन हुआ, 1971 में जल एवं ऊर्जा कमीशन द्वारा प्राथमिक रिपोर्ट प्रस्तुत की गयी, जिसमें पंचेश्वर बांध की ऊंचाई 238 मीटर प्रस्तावित है। इस रिपोर्ट के अनुसार दूसरा चरण पूर्णागिरी पर बनना प्रस्तावित है।

12 फरवरी 1996 को नयी दिल्ली में भारत और नेपाल के बीच 'महाकाली संधि' पर हस्ताक्षर हुए जिसमें पंचेश्वर बहुउद्देशीय प्रोजेक्ट पूर्णागिरी प्रोजेक्ट और टनकपुर में शारदा बैराज को समग्र रूप से विकसित कर 6000 मेगावाट ऊर्जा उत्पादन क्षमता प्रस्तावित है। इस संधि के अनुसार दोनों देशों के मध्य, छः माह के भीतर, विस्तृत प्रोजेक्ट रिपोर्ट तैयार करना सुनिश्चित हुआ था।

दोनों देश प्रोजेक्ट को प्रारम्भ करने के लिए घरेलू और बाहरी स्तर पर वित्तीय संसाधन और आवश्यक अवसंरचना जुटाने में लगे हुए हैं। इस संधि के साथ ही प्रोजेक्ट के क्रियान्वयन की अनिश्चितता समाप्त हो गयी है। दूसरी ओर हमारी चिन्ता और गहन हो जाती है। अपनी-अपनी समझ के अनुसार कई अनुमान लगाये जा रहे हैं।

पहले चरण में पंचेश्वर (महाकाली और सरयू के संगम स्थल) पर एक ऊंचा बांध प्रस्तावित है। दूसरे चरण में इसी नदी में, जो कि और नीचे जाकर शारदा के नाम से जानी जाती है, वहां पूर्णागिरी पर भी इतनी ही उत्पादन क्षमता का एक

अन्य बांध प्रस्तावित है। यदि उसमें शारदा बैराज की उत्पादन क्षमता भी जोड़ दी जाए तो भी कुल उत्पादन-क्षमता 6000 मेगावाट से कहीं कम रहती है।

इससे संधि और प्रोजेक्ट शक के दायरे में आ जाते है। अन्य स्रोतों से सूचनाएँ एकत्र करने पर ज्ञात होता है कि नेपाल की ओर से पंचेश्वर बांध की ऊंचाई 315 मीटर और तीनों स्थलों की कुल उत्पादन क्षमता 7200 मेगावाट प्रस्तावित है। यह कहानी केवल टिहरी अथवा पंचेश्वर पर ही समाप्त नहीं होती है बल्कि केन्द्रिय जल आयोग की 1992 की रिपोर्ट के अनुसार, समूचे उत्तराखण्ड में 50 मीटर से अधिक ऊंचाई वाले 56 बांध निर्माणाधीन/प्रस्तावित हैं। जिससे 27,000 मेगावाट ऊर्जा की उत्पादन क्षमता आंकी गयी है। यदि हम एक क्रम में इन बांधों के स्थल और इनकी ऊंचाई देखें तो एक सीढ़ीनुमा स्वरूप उभर कर आता है। अर्थात उत्तराखण्ड की कोई भी नदी घाटी इस कहर से नहीं बच पायेगी।

उत्तराखण्ड में तीन मुख्य नदीघाटी क्षेत्र हैं - काली, गंगा और यमुना। यह नदियां आगे चल कर गंगा नदी में ही मिल जाती हैं।

अभी तक कहीं भी प्रमाणित रूप से बांधों के डूब क्षेत्र और उससे विस्थापित/प्रभावित होने वाले गांवों एवं जनसंख्या का विवरण देखने को नहीं मिलता है। यहां पर रहने वाले लोगों के जीवनयापन की शैली, उनकी संस्कृति, अर्थव्यवस्था, यहां की जैव-विविधता आदि तक तो जैसे अभी सोच ही नहीं पहुंची है। लगता है कि जैसे यह सब नियोजनकर्त्ताओं की प्राथमिकताओं की सूची में ही सम्मिलित नहीं है।

पंचेश्वर बांध में प्रस्तावित स्थान पर नदी का स्तर समुद्र से 430 मीटर की ऊंचाई पर है। इस प्रकार इस स्थल से नदी घाटियों में ऊपर की ओर 745 मीटर की ऊंचाई तक का समूचा क्षेत्र जलमग्न हो जायेगा और बहुत बड़ा क्षेत्र प्रभावित होगा।

इन आंकड़ों के अनुसार भारत में यह पानी काली नदी में धारचूला तक, गोरी नदी में बरम तक, सरयू नदी में सेराघाट तक, राम गंगा में थल तक और पनार में सिमलखेत तक असर करेगा। इनके अतिरिक्त अनेक छोटे-बड़े गाढ़-गधेरे भी हैं। इसी प्रकार नेपाल में छमलिया नदी में भी इसका असर बहुत दूर तक पड़ेगा। इस अनुमान से लगभग 300 गांव भारत में और 50 गांव नेपाल में प्रभावित होंगे। भारत में यह संख्या अधिक इसलिए भी है क्योंकि पहाड़ में अधिकतम बसावत दक्षिण-पूर्व ढाल की ओर होती है और छोटे-छोटे सीढ़ीनुमा खेतों पर खेती भी इसी ढाल पर अधिक होती है। यदि एक संस्था को प्रोजेक्ट संबंधी मूल-भूत जानकारी एकत्रित करने में इतनी कठिनाइयों का सामना करना पड़ रहा है तो इससे

क्षेत्र के लोगों की बदहाली का भी एक अनुमान लगाया जा सकता है और निश्चित रूप से कहा जा सकता है कि अभी तक क्षेत्र के लोगों की भागीदारी तो प्रोजेक्ट में रत्ती भर भी नहीं है और लोग इस प्रोजेक्ट और उसके हश्र से पूरी तरह से अनभिज्ञ हैं।

विकास के ऐसे प्रोजेक्ट्स से विस्थापन और पुनर्वास मुख्य मुद्दे को रूप में उभरता है। टिहरी बांध में 85,600 लोगों के पुनर्वास की फांस अभी तक अटकी हुई है। 'नर्मदा - सरदार सरोवर परियोजना में लगभग 6,700 और इन्दिरा सागर परियोजना में लगभग 129,000 लोगों के पुनर्वास को लेकर गतिरोध जारी है।'

इसके अतिरिक्त ऐसी परियोजनाओं के अन्य पहलू भी हैं जैसे सामाजिक, सांस्कृतिक, आर्थिक, इत्यादि। डूब क्षेत्र में अधिकतम नदी घाटियां आती हैं, जो कि उपजाऊ क्षमता और अच्छे कृषि उत्पादन के लिए जानी जाती है।अधिकतर विस्थापित होने वाले लोगों का मुख्य आहार चावल है यदि पुनर्वास ठीक तरह से भी किया जाता है तो ये खान-पान की नई आदतों से कैसे मेल कर पायेगा? इस बात को अभी भी समझना बाकी है। जब तक पुर्नवास नीति स्पष्ट नहीं हो जाती तब तक संबंधी मुद्दों पर टिप्पणी करना मुश्किल है।

हिमालय के घाटी क्षेत्रों की अमूल्य जैव विविधता का संरक्षण भी बहुत आवश्यक है। बांध परियोजनाओं ने तो जैसे इन सवालों की ओर लेशमात्र भी ध्यान नहीं दिया।

ऊपर से बांध स्थल ऐसे क्षेत्रों में चिन्हित है जो कि लगातार भूकंप के झटकों से प्रभावित रहते हैं। इतिहास में 6 से 7.5 रिक्टर पैमाने पर 10 भूकंप प्रमाणित हैं। जिनमें से आधे तो पंचेश्वर के 100 कि.मी. के व्यास में ही घटित हुए हैं। इस तथ्य से यह क्षेत्र और अधिक संवेदनशील हो जाता है।

फिर भी यदि हम बांध के लाभों पर जरा भी विश्वास करते हैं तो हम इस समय पर केवल यही बात कहना चाहेंगे कि एन प्रोजेक्ट्स ने न तो क्षेत्र के लोगों को ही विश्वास में लिया है और न वे इसके पारिस्थितिकीय एवं आर्थिक एवं आर्थिक प्रभावों की गहराई में गये हैं। इस प्रकार से प्रजेक्ट्स में स्थानीय लोगों की भूमिका को तो पूरी तरह से ही नकारा गया है। हम इस प्रकार के एकतरफा अधिकारों का प्रयोग करने वालों का विरोध करते हैं।

अपने क्षेत्र में क्रियान्वित होने वाले प्रोजेक्ट्स की विस्तृत जानकारी होना लोगों का अधिकार है।

पिथौरागढ़ में पहला विकास प्रोजेक्ट भारत-चीन युद्ध के बाद टनकपुर से

तिब्बत के सीमावर्ती क्षेत्रों तक सड़क बनाने का लिया गया। सैकड़ों कि.मी. लम्बी इस सड़क का नियोजन और डिजाइन भारत और चीन के विरोधी संबंधों पर आधरित था। सीमावर्ती राज्य हिमाचल प्रदेश के विपरीत, जहां पर सड़कों का जाल सुदूवर्ती क्षेत्रों में भी बसे गांवों को छूता है। कुमांऊ की सड़कें अपनी अंतर्क्रिया के दबाव से शहरों और गांवों की बसावतों को अपनी ओर आकर्षित करती हैं। कितना हास्यपद लगता है कि अब लभगभ तीन दशक के बाद यह मुख्य सड़क चौड़ी की जा रही है इसलिए नहीं कि लोगों को चौड़ी सड़कें चाहिए, बल्कि इसलिए कि धौलीगंगा जलविद्युत परियोजना के लिए बड़ी-बड़ी टरबाइन ले जाने के लिए चौड़ी सड़कें आवश्यक हैं।

हां! इस अनूठे तथ्य को भी हम नहीं नकार सकते कि विकसित देशों में बड़े बांध तोड़ने की परियोजनाएँ बन रही हैं। विशेषकर अमरीका में। विश्व बैंक ने बड़े बांध का अध्ययन करने के लिए एक कमेटी गठित की है। अपने बारे में हम निश्चित रूप से बड़े बांध बनाने की आवश्यकता को नहीं कह सकते परन्तु यह निश्चित रूप से अवश्य कह सकते हैं कि हिमालय की नदियां, पहाड़ और गंगा के मैदानी भागों के पर्यावरण और सतत् सामाजिक एवं आर्थिक व्यवस्था में अपना महत्त्वपूर्ण योगदान देती हैं। ये जनसंख्या, पालतू जानवरों और कृषि की व्यापक क्रियाओं की मूलभूत आवश्यकताओं की आपूर्ति करती हैं। बड़ी बांध परियोजनायें पुरानी पद्धति से एक खतरनाक खिलवाड़ कर रही हैं।

इस तथ्य को भी नहीं नकारा जा सकता है कि इस प्रोजेक्ट के पूरे होने पर बहुत बड़ा घाटी क्षेत्र डूब जायेगा। अमूल्य सांस्कृतिक और परम्परायें केवल इतिहास मात्र रह जायेंगी। देवी-देवता, भवन-वास्तुकला, सामूहिक नाच-गान, शादी संबंध, उपजाऊ भूमि, जंगल और सबसे महत्त्वपूर्ण है प्रकृति के साथ ताल-मेल से रहने के ज्ञान का खजाना जिस पर कि ग्रामीणों का वर्चस्व है, मात्र प्राचीन कथायें बन कर रह जायेंगी।

चारागाह, उपजाऊ घाटियां और जंगल शीघ्र ही आरियों ओर बुलडोजरों (मिट्टी हटाने वाली मशीन) की बलि चढ़ जायेंगे। कुछ चुनिन्दा लोगों के लालच के लिए हमारी पौराणिक संपत्ति, एक दर्दनाक इतिहास बन कर रह जायेगी।''

इस पत्रक में निश्चय ही अनेक गम्भीर प्रश्न उठाए गए हैं। जो बात सबसे रचनात्मक सहयोग के रूप में उभर कर आई है वह है - ऐसी परियोजनाओं के कार्यान्वयन में स्थानीय जन की सहभागिता। परियोजनाएं तैयार किए जाने से लेकर उनके कार्यान्वयन तक हम स्थानीय जनता को साथ नहीं लेंगे, उसके सारे पक्षों

पर ध्यान नहीं देंगे, तब तक 'विकास' का कोई अर्थ नहीं है। विकास किस के लिए और किसकी कीमत पर? इस प्रश्न को विवेकपूर्ण चिन्तन के साथ मानवीय पक्ष - सहित हल करना चाहिए।

अब कुछ बातें पर्यावरण-संतुलन पर, जो प्रत्येक नागरिक को ध्यान में रखनी चाहिए। हम कितने ही तर्क दें, कितने ही कानून बनायें, हमारा संविधान सर्वोपरि क्यों न हों; जब तक हम में से प्रत्येक व्यक्ति अपने अधिकार और कर्त्तव्यों को विवेकसम्मत ढंग से नहीं समझेगा, तब तक कुछ नहीं होगा। इसमें सर्वाधिक महत्त्वपूर्ण है नैतिकता। आचार और विचार में नैतिकता का समावेश हमें करना चाहिए, तभी नीतियाँ सफलतापूर्वक कार्यान्वित हो सकेंगी। इस नैतिकता की जड़ें हमारी आध्यात्मिक संस्कृति और उसमें संचरित धर्म में हैं। इस विचार से कुछ महत्त्वपूर्ण सूत्र यहाँ दिए जा रहे हैं।

1. प्रकृति का दोहन उसे अपनी तरह प्राणवान्, परस्पर सहयोगी और सहचरी मानकर विनयपूर्वक करें, उसका निर्मम और अमानवीय शोषण न करें।
2. ध्यान रखें कि अनैतिक कृत्यों को प्रकृति कभी क्षमा नहीं करती। वह हमारे नैतिक और मानवीय होने पर ही हमारे साथ है, इसके विरुद्ध आचरण करने पर वह भी क्रूर हो सकती है। प्रकृति की वह क्रूरता हमारे विनाश का कारण बन जाती है।
3. प्रकृति पर आधिपत्य मानव-अधिकार नहीं है। सृष्टि में वह हमारी सहचरी है। हितसाधक है। इसलिए प्रकृति से मात्र लें ही नहीं; उसका यथोचित पोषण भी करें।
4. अहिंसक - पद्धति की खेती को प्रोत्साहन दें। अर्थात् विषैले रासायनिक खादों के प्रयोग से बचें, जो मिट्टी की उर्वरा क्षमता पर बुरा प्रभाव डालती है।
5. निजी स्वार्थ के लिए कोई काम न करें। जो करें, करने से पहले उसके अच्छे-बुरे परिणामों तथा व्यापक समाज-हित का उद्देश्य सोचलें।
6. हमारे किसी कृत्य का भविष्य में क्या परिणाम होगा, हम अपने आगे आने वाली पीढ़ी के लिए कितना समृद्धशाली पर्यावरण छोड़कर जायेंगे; इसका विचार करें।
7. हम अपने वैज्ञानिक अन्वेषणों को मानवेतर प्राणियों पर क्रूरतापूर्वक न आजमायें और केवल मशीनी व्यवहार न करें। प्रत्येक अन्वेषण के मूल में मानवीयता की भावना रखें।
8. विकास-योजनाएँ मनुष्य के हित के लिए हैं, व्यक्तिगत स्वार्थ अथवा किसी

राजनीतिक नारेबाजी या निजी आर्थिक हित लाभ के लिए नहीं हैं। यह दृष्टि विकसित करें।

9. विकास और पर्यावरण संरक्षण परस्पर विरोधी अवधारणाएँ नहीं हैं। पर्यावरण - संतुलन का विचार रखते हुए विकास-योजनाएँ बनें और उनका कार्यान्वयन भी इसी विचार को ध्यान में रखकर किया जाए।
10. पर्यावरण संतुलन में जितनी भूमिका मनुष्य की है, उतनी ही हिस्सेदारी वनस्पति एवं जीव-जगत की भी है। इसलिए वनस्पतियों, पेड़-पौधों और जीव-जंतुओं का निर्मम विनाश न करें।
11. यह ठीक है कि हम अपनी भौतिक शक्तियों का विकास करते चले जा रहे हैं। यह हमारी बुद्धिमता, उद्योगशीलता और श्रेष्ठता का परिचायक है। यह हमारा अधिकार भी है। किन्तु इस भौतिक विकास के साथ नैतिक गुणों का भी विकास करें। श्रेष्ठ मानवीय गुणों-सत्य, अहिंसा, करुणा, ऋजुता आदि के अभाव में कोई भी विकास श्रेयस्कर नहीं है।

ये सूत्र और भी बहुत से हो सकते हैं।

अंत में हम **एम.एन.राय** का यह कथन उद्धृत करना चाहेंगे कि, "यह ब्रहमाण्ड एक सुव्यवस्था है - एक विधि संचालित व्यवस्था। इसलिए मनुष्य का सत्व और उसका सम्भवन, उसके भाव, इच्छा, विचार भी तय हैं : मनुष्य सारतः विवेशील है। मनुष्य में विवेक ब्रह्माण्ड में समन्वय की प्रतिध्वनि है। नैतिकता को मनुष्य की अन्तर्जात विवेकशीलता के सन्दर्भ में समझा जाना चाहिए। केवल तभी मनुष्य सहजता और स्वेच्छा से नैतिक हो सकता है। विवेक उस नैतिकता के लिए एकमात्र आधार है जो अंतरात्मा को एक निवेदन है और अन्तरात्मा, अपनी बारी में परिवेश का सहज बोध और उस पर प्रतिक्रिया है। अपने अन्तिम विश्लेषण में अंतरात्मा किसी भी तरह गुह्य और रहस्यपूर्ण नहीं है। यह एक जैविक क्रिया है, इसलिए चेतना के स्तर पर यांत्रिक मनुष्य की अंतर्जात विवेकशीलता उस सामंजस्यपूर्ण व्यवस्था की एकमात्र जामिन है जो कि एक नैतिक व्यवस्था भी है, क्योंकि नैतिकता एक विवेक सम्मत क्रिया है। इसलिए सभी सामाजिक प्रयासों का उद्देश्य मनुष्य को अपनी अन्तर्जात विवेशीलता के प्रति अधिकाधिक सचेत रहना होना चाहिए।" *(एम.एन. राय, नवमानववाद, 1998, पृष्ठ 42-43)*

सन्दर्भित पुस्तकें तथा पत्र-पत्रिकाएँ :

(अ) पुस्तकें :

- धर्म क्या कहता है, (12 भाग), श्री कृष्णा दत्त भट्ट, 1981, वाराणसी, सर्व सेवा संघ प्रकाशन।
- नव मानववाद, एम.एन. राय (अनु. नन्द किशोर आचार्य), 1998, बीकानेर, वाग्देवी प्रकाशन।
- पर्यावरण और लोक-अनुभव, हरिमोहन, 1991, नई दिल्ली, तक्षशिला प्रकाशन।
- भारत का संविधान, 1 जुलाई,1999 संस्करण, नई दिल्ली, भारत सरकार, विधि, न्याय और कंपनी कार्य मंत्रालय की ओर से प्रकाशित।
- भारतीय संस्कृति, देवराज, 1994, लखनऊ, उ.प्र. हिन्दी संस्थान।
- भारतीय संस्कृति की कहानी, भगवतशरण उपाध्याय, 1989, दिल्ली, राजपाल एण्ड संज़।
- मानव अधिकार और पुलिस बल, भूषण लाल वोहरा, 1995, नई दिल्ली, शारदा प्रकाशन।
- मानव अधिकारों का संघर्ष, (सं.) राजकिशोर,1995, नई दिल्ली, वाणी प्रकाशन।
- मानव अधिकार शिक्षा - उषा खुराना, 1998, नई दिल्ली, सामान्तर प्रकाशन।
- संचारिणी, विद्यानिवास मिश्र, 1982, नई दिल्ली, वाणी प्रकाशन।
- संस्कृति और पर्यावरण, हरिश्चन्द्र व्यास, 1993, नई दिल्ली, भारत सरकार, पर्यावरण एवं वनमंत्रालय की ओर से प्रकाशित।
- संस्कृति, पर्यावरण और पर्यटन, हरिमोहन, 1996, नई दिल्ली, तक्षशिला प्रकाशन।
- समाज और पर्यावरण, (अनु. जगदीश चन्द्र पाण्डेय), 1986, मास्को, प्रगति प्रकाशन।
- इनके अतिरिक्त, वेद, उपनिषद्, महाभारत श्रीमद्भगवत गीता, इत्यादि प्राचीन संस्कृत ग्रंथों के कुछ अंश।
- The protection of Human Rights Act, 1993, N. Delhi Published by National Human Rights Commission

(ब) पत्र-पत्रिकाएँ

1. कादम्बिनी, नई दिल्ली, कुछ अंक।
2. चिट्ठी (गढ़वाली मासिक) फरवरी,1994, देहरादून
3. धर्मयुग, मुम्बई, कुछ अंक।
4. पुलिस विज्ञान, (कुछ अंक), नई दिल्ली,

5. वार्षिक रिपोर्ट, 1996-97, नई दिल्ली, राष्ट्रीय मानव अधिकार आयोग।
6. साप्ताहिक हिन्दुस्तान, नई दिल्ली, कुछ अंक।
7. ह्यूमैन राइट्स समाचार, (कुछ अंक) नई दिल्ली, राष्ट्रीय मानव अधिकार आयोग।
8. Human Rights News Letter, N. Delhi, N.H.P. Commission
9. Social Change, March 1992, Vol.22(1)